Barbara Böttner

Rezepte für Gäste

Mit Liebe kochen – in Ruhe genießen

Rezepte

Mit Liebe kochen –

für Gäste
in Ruhe genießen

PRIEURÉ DE ST-JEAN DE
Coteaux du Langued

Inhalt

Einige Worte vorweg

Liebe Leserin, lieber Leser!

Wer gerne gut isst, wird auch früher oder später lernen wollen gut zu kochen. Wer gelernt hat gut zu kochen, wird auch Gäste einladen wollen. Sei es, um mit seinen Kochkünsten zu verführen oder aber einfach aus dem Wunsch heraus, seine Begeisterung für ein gelungenes Essen mit Freunden zu teilen.

Und so bin ich selbst zu meinem Party-Service gekommen: Als schüchterne Teenagerin hatte ich gelernt eine tolle Spagettisauce zu kochen und konnte fortan Freunde an meinen Tisch bitten. Die Begeisterung für diese schönste aller Künste, die Kunst des Kochens und Verwöhnens, ist wohl damals entstanden und mir bis heute geblieben.

Als Studentin mit viel Zeit und Muße und auch später als Ehefrau machte ich mir keine Gedanken darüber, dass ich von morgens früh bis kurz vor dem Essen mit Planung, Einkaufen und Kochen beschäftigt war. Ein chinesisches Essen mit sechs Gängen war mir nicht zu viel, ich freute mich einfach darüber, neue Gerichte auszuprobieren und später die begeisterten Ausrufe meiner zufriedenen Gäste zu hören. Aber als ich Kinder bekam und darüber hinaus noch berufstätig war, wurde die Zeit für aufwendige Gerichte zu knapp. Ich begann damals Mahlzeiten ausfindig zu machen, die im Nu fertig waren und im Voraus zubereitet werden konnten.

Als ich später, nach meiner akademischen Karriere, ernsthaft und professionell zu kochen begann, wurde diese Suche nach wunderbaren, aber

nicht so arbeitsintensiven Gerichten zu einer zwingenden Notwendigkeit. Wenn ich heute mit meiner Tochter in der Küche stehe und ein Büfett für 200 Personen zubereite, haben wir kein Interesse an Rezepten, die eine ganze Kochbrigade in Atem halten würden. In einem Restaurant, mit einer Schar von Helfern, kann man exquisite Sachen kreieren, die raffiniert schmecken und fabelhaft aussehen. Ich dagegen ziehe wirkungsvolle, leckere, aber einfache Gerichte vor, die meiner Meinung nach beson-

ders in der italienischen und orientalischen Küche zu finden sind.
Als Gastgeber möchten Sie natürlich ein tolles Essen anbieten, aber in erster Linie möchten Sie den Abend mit Ihren Gästen zusammen genießen. Deshalb sollten Sie nicht die ganze Zeit in der Küche verbringen und kurz vor dem Servieren am Rande eines Nervenzusammenbruchs stehen.
Daher bietet dieses Buch eine ganze Sammlung von leckeren, außergewöhnlichen, teils exotischen Gerichten, die wirklich leicht zu kochen sind. Vor allem: ALLES kann im Voraus, manches sogar Tage vor dem Essen zubereitet werden. Am Tage Ihrer Feier haben Sie dann genügend Zeit für sich selbst und um sich um die Tischdekoration zu kümmern. Einiges wird schon einmal aus dem Kühlschrank genommen, anderes in den Ofen geschoben. Nun können Sie ganz entspannt Ihre Gäste empfangen. Kurz vor dem Servieren müssen Sie nur noch eine Sauce über den (schon vorbereiteten) Salat gießen und die Brötchen in einen Korb legen.

Für kleine Feiern kann man durchaus auch nur ein paar von den leckeren Vorspeisen anbieten, bei größeren Festen mehrere kleine Häppchen, eine deftige Suppe oder einen Fleischhauptgang servieren.
Bei anderen Gelegenheiten möchte man eventuell nur Snacks anbieten. Was immer Sie auch feiern möchten, in diesem Kochbuch finden Sie für alle Größen und Arten von Festen passende Rezepte, die garantiert gut schmecken und glückliche Gäste sowie gelassene Gastgeber versprechen!

Mengen

Wenn es ein Mysterium beim Kochen gibt, dann ist das für mich das unergründliche Geheimnis des menschlichen Appetits. »Wie viel soll ich kochen?«, war die Frage, die ich mir früher immer stellte. Und da es meine größte Angst war, dass das Essen nicht ausreichen könnte, habe ich meistens viel zu viel gemacht. Ich weiß inzwischen, dass dies die Erfahrung der meisten Köche und Gastgeber ist.
In der Tat gibt es nur allgemeine Empfehlungen für die Mengen, die bei einer Party angeboten werden sollten. 700 Gramm, so die allgemeine Auffassung, kann ein Mensch auf einmal essen. Starke Esser bringen es allerdings sogar auf ein Kilo, zarte Appetite schaffen kaum ein Pfund. Als Richtlinie gilt: 300 g Fleisch, 400 g Gemüse und Beilagen. Denke ich allerdings an einen normalen Steakhaus-Besuch, dann kann ich mir nur schwer vorstellen, mehr als 150 g Fleisch zu essen, wenn ich schon am Salatbüfett war.
Es gibt jedoch auch Steakhaus-Gäste, die Riesensteaks von 500 g verspeisen und Salate nicht anrühren, weil sie diese nicht ausstehen können. Sie sehen, Appetit und Geschmack Ihrer Gäste können Sie kaum planen!

Wenn ich bei meinen Büfetts z. B. für 50 Personen 10–12 verschiedene Vorspeisen von je 1–1,5 kg zubereite, rechne ich für die Hauptgerichte selten mit mehr als 100 g Fleisch pro Person. Damit bin ich bis jetzt immer gut zurechtgekommen, aber es hängt natürlich davon ab, wie viele und welche Gerichte Sie zubereiten. Bei nur zwei bis drei Vorspeisen müsste man sicherlich mehr vom Hauptgericht anbieten, das heißt bis zu 200 g Fleisch pro Person rechnen.

Ein besonderes Problem beim Kochen sind die Gewürze: Einige von Ihnen lieben Knoblauch und geben mehr ans Essen, andere wiederum können Knoblauch nicht ausstehen. Das gilt gleichermaßen für andere Gewürze. Bei vielen Rezepten in diesem Buch habe ich deshalb die Mengen mit »ca.« oder »von-bis« angegeben. Entscheiden Sie ganz nach Ihrem Geschmack und dem Ihrer Partygäste, wie viel Sie dazugeben. Nur bei den Backrezepten sollten Sie sich exakt an die Mengenangaben halten!

Grenzen

Ihren Party-Büfetts sind – je nach Platz in Ihrer Küche – Grenzen gesetzt. Während ich als professionelle Köchin für meine Büfetts große Kühl- und Tiefkühlschränke, reichlich Platz für Platten, Schüsseln und Töpfe sowie ausreichend Ofenkapazität zur Verfügung habe, um Speisen im großen Umfang zuzubereiten, geht es in Ihrer Küche enger zu. Wenn Sie nur einen kleinen Kühlschrank mit Mini-Gefrierfach, keine stapelbaren Platten und wenig Platz im Ofen haben, müssen Sie bei Ihrer Vorbereitung der Gerichte entsprechende Grenzen ziehen.

Bereiten Sie bitte nur die Speisen zu, die in Ihren Behältern und in Ihrem Kühlschrank Platz finden! Leihen Sie vorher die notwendigen Platten von Freunden und Nachbarn aus, damit Sie die Speisen schön präsentieren können. Holen Sie sich Hilfe von Freunden, und wenn es sich nur um den Platz im Kühlschrank handelt. Vor allem Fleisch- und Fischspeisen müssen Sie gut gekühlt aufbewahren, wenn Sie im Voraus zubereitet wurden. Eine gute Planung ist wichtig, damit dann alles zu Ihrer Zufriedenheit abläuft!

Richtiges Zubehör

Nicht nur ein Handwerker braucht Profi-Werkzeug für seine Arbeit. Auch ein Koch benötigt gute Geräte, um vernünftig arbeiten zu können. Es ist mir immer wieder ein Rätsel, weshalb so viele Menschen bereit sind, für eine Küche Tausende von Euro auszugeben, für ein Küchenmesser dagegen nur drei Euro. Mit schlechten, wackeligen Messern und kleinen, zerkratzten, verbeulten Pfannen und Töpfen und winzigen, unpraktischen Schneidebrettern ist das Kochen ein wahrer Gräuel! Die Arbeit dauert lange, ist mit viel Mühe verbunden und führt meist zu keinem guten Ergebnis.

Wenn Sie das richtige »Werkzeug« besitzen, macht Ihnen auch die Zubereitung für viele Gäste keine Mühen. Wenn ich in einem der hier vorgestellten Rezepte über »eine große Pfanne« schreibe, denke ich an die schöne Küche im Kölner Edelviertel Hahnwald, wo ich einmal ein Festessen kochen sollte. Die Schränke waren aus edlem Holz, der Boden aus Marmor, das Geschirr vom Feinsten, an der Wand hing ein wertvolles Gemälde. Aber die einzige Pfanne, die die Hausfrau zum Anbraten von Lammfilet anbieten konnte, war eine dünne, zerkratzte Teflon-Blechpfanne, die nicht eben genug war, um auf dem eleganten Ceranfeld des Herdes aufzuliegen.

Meine Lieblingsbratpfanne besteht aus Gussaluminium (dick, aber nicht schwer), ist mit Silverstone beschichtet, hat einen Durchmesser von 32 cm (ich habe einen großen Profiherd mit Gasflamme) und ist fast unverwüstlich. Wenn sie nach 2–3 Jahren zerkratzt ist, kaufe ich eine neue. Dabei spare ich nicht unbedingt

Geld, aber viel Zeit und Nerven. Die kleineren Pfannen sind aus Schmiedeeisen. Die Töpfe aus Edelstahl haben einen schweren Boden und einen verschließbaren Deckel. Zum Backen und Überbacken im Ofen habe ich mehrere Quicheformen aus Porzellan und flache Auflaufformen, einige davon mit Deckel. Und das Wichtigste: Ich habe mehrere gute, scharfe Messer mit fester Klinge und robusten Griffen, mit denen man auch größere Mengen an Gemüse und Fleisch schneiden kann. Mein Liebling ist ein japanisches Kochmesser, das ein Vermögen gekostet hat, aber inzwischen 20 Jahre lang gute Dienste geleistet hat.
Wenn Sie zu den begeisterten Hobbyköchen gehören, werden Sie wahrscheinlich auch gute Messer und große Pfannen besitzen. Aber wenn Sie das Kochfieber noch nicht völlig ergriffen hat, kann ich nur Folgendes empfehlen: Ein kleines und einige richtig schwere, große Messer, eine gute, große, schwere Pfanne (Boden so breit wie die größte Kochplatte am Herd) und ein stabiles Schneidebrett machen das Leben und die Arbeit in der Küche viel, viel schöner! Und noch etwas anderes möchte ich hinzufügen: Besorgen Sie sich bitte ein oder zwei dicke, wirklich hitzebeständige Topflappen. Nicht die gehäkelten von Tante Martha, die überall mit einem schönen Lochmuster versehen sind!

In den vergangenen 20 Jahren war ich »stolze« Besitzerin von sechs Küchenmaschinen. Die meisten habe ich irgendwann verschenkt, weil sie zu viel Platz beanspruchten, zu umständlich zu handhaben waren oder schlichtweg nicht funktionierten. Es ist erstaunlich, wie viele teure Maschinen es gibt, die absolut zu nichts taugen.

Wenn Sie z. B. 500 g Möhren für einen Salat reiben möchten, haben Sie wahrscheinlich keine Lust, fünf Minuten lang den Reibevorsatz anzubringen und richtig zu adjustieren, zwei Minuten mit großem Kraftaufwand die Möhren zu reiben und schließlich zehn Minuten den Vorsatz abzubauen und abzuspülen! Und dann bleibt vielleicht noch ein Teil der Möhren im Reibewerk hängen! Auch bei den kleineren Küchenmaschinen zum Hacken und Pürieren ist es ärgerlich, wenn große Stücke in der Schüssel bleiben oder wenn die Maschinenteile leicht splittern oder platzen: Ersatzteile sind oft atemberaubend teuer und umständlich zu bestellen, Reparaturen ein Alptraum.

Die Konsequenz, die ich aus diesen schlechten Küchenhelfern gezogen habe: In meiner Küche stehen inzwischen fürchterlich viele Maschinen, jede mit einer speziellen Aufgabe. Dazu gehören: eine Kräutermühle (wunderbar für frisch gemahlene Gewürze, praktisch und leicht zu handhaben, unverwüstlich und auch nicht teuer), eine Getreidemühle-Gemüseraffel-Kombination (mit der Mühle mahle ich Vollkornmehl, mit der Trommelreibe kann ich aus dem härtesten Brot und Käse Brösel machen) und eine Multipraktika mit Messereinsatz, mit der ich püriere, Teig schlage und Pudding rühre. Dazu kommen dann noch ein Pürierstab (mit dem man Sahne schlagen und Suppe pürieren kann) sowie eine elektrische Zitruspresse. Ich meine, das ist zu viel und ich gebe die Hoffnung nicht auf, dass es irgendwann ein Küchengerät gibt, mit dem man alles machen kann. Ich glaube allerdings, diese Maschine bleibt nur ein Wunschtraum!

Ein Satz zum Schluss, bevor Sie sich ans Ausprobieren der folgenden Rezepte machen: Dass Obst, Gemüse und frische Kräuter vor dem Gebrauch gründlich abgewaschen werden müssen, versteht sich von selbst. Ich werde dies in den Rezepten nicht mehr ausdrücklich erwähnen. Und jetzt wünsche ich Ihnen viel Spaß beim Kochen und Backen!

Supp

en

SUPPEN

Suppen als Vorgericht sind aus der Mode gekommen. Heutzutage isst man zu einem warmen Essen lieber Salate als Vorspeise, und bei einem Büfett sind es die kleinen Appetithäppchen und Antipasti, die am meisten verlocken. Wenn ich ein großes Büfett zubereite, versuche ich immer, den Gastgebern einen Suppengang auszureden. Leider habe ich zu oft am Tag nach dem Büfett die Suppe weggießen müssen oder die inzwischen verhasste Frage beantwortet: »Die Suppe kann man wohl einfrieren, oder?«

Nein, die Suppe kann sich gegen die raffinierte Vorspeisen-Konkurrenz nicht mehr behaupten. Zwei Chancen hat sie aber nach wie vor: wenn sie nicht zur Selbstbedienung am Büfett angeboten, sondern am Tisch in einer festen Speisefolge serviert wird und wenn wir sie ganz allein auftreten lassen, sozusagen als Solistin, als allein stehende Schönheit auf dem Partytisch. Wird die Suppe nur mit Brot und Butter oder als Hauptgericht nach einem bunten Vorspeisentisch serviert, können sich die Gäste voll auf sie konzentrieren. Dann wird sie freudig angenommen – vorausgesetzt, sie ist festlich, lukullisch, vielleicht ein bisschen exotisch und womöglich noch scharf!

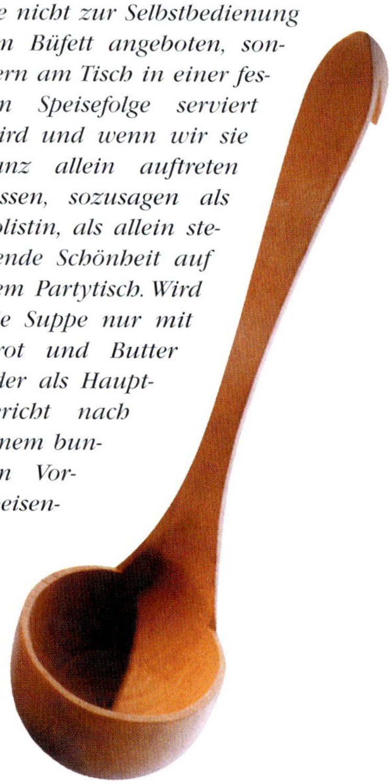

Suppen als Hauptgang sind ideal für einen ungezwungenen Abend mit Freunden. Dazu passen Brötchen oder Brot, Butter, Käse und ein guter Wein. Auf den folgenden Seiten stelle ich Ihnen meine Lieblingssuppen vor, die aus den USA, dem Orient oder den Mittelmeerländern stammen. Bis auf wenige Ausnahmen können Sie sie einen Tag vor Ihrer Party zubereiten. Kurz bevor die Gäste kommen, werden die Suppen dann einfach noch einmal erwärmt.

Wie viel Suppe Sie kochen müssen, damit Ihre Gäste satt werden, ist schwer zu sagen. Sie können davon ausgehen, dass vier bis fünf Liter Suppe (entspricht den hier angegebenen Mengen, wenn nicht anders vermerkt) für 10 bis 20 Personen reichen, je nachdem, wie viele Vorspeisen Sie servieren und wie groß der Appetit der Gäste ist. Ein Viertelliter kräftiger Suppe reicht meist als Hauptspeise aus, bei einer leichteren Vorspeisensuppe genügt ein Achtelliter. Aber wie man beim Lottospielen so nett sagt:

Alle Angaben sind natürlich wie immer ohne Gewähr!

Diese cremige Suppe ist sehr leicht und kann deshalb auch als Vorsuppe oder Mitternachts-Suppe serviert werden. Bei meinen Büfettkunden ist sie sehr beliebt. Ihr besonderer Vorteil: Sie lässt sich problemlos einfrieren! Als Vorsuppe ergeben sich bei den unten angegebenen Mengen ca. 20–30 Portionen. Wichtig ist, dass die Suppe nur mit frisch gepresstem Saft hergestellt wird. Mit »normalem« Orangensaft aus der Flasche schmeckt sie schrecklich. Die Gemüsebrühe sollte man am besten als gekörnte Brühe im Naturkostladen kaufen.

Möhren-Apfelsinen-Suppe

Zutaten

für etwa 20–30 Personen:
1 kg Möhren
500 g Zwiebeln
200 g Butter
2 l Gemüsebrühe
1 l Sahne
1 l Orangensaft (frisch gepresst)
Salz
1 Bund Schnittlauch
oder 1 Bund Kerbel
oder 3 EL frische, geriebene Ingwerwurzel

Zubereitung

Die Möhren schälen, grob hacken und zusammen mit den geschälten, fein gehackten Zwiebeln und der Butter in einen Topf geben. Das Ganze 10 Minuten unter häufigem Rühren andünsten. Die Zutaten dürfen dabei nicht braun werden.

Die Gemüsebrühe dazugießen und ca. 30 Minuten köcheln lassen, bis die Möhren weich sind. Dann alles mit einem Pürierstab zu einer Creme verarbeiten. Das Püree über Nacht in den Kühlschrank stellen.

Kurz vor dem Servieren die Sahne und den frisch gepressten Orangensaft einrühren. Alles noch einmal kurz erhitzen, wenn nötig, mit etwas Salz abschmecken. Je nach Vorliebe kann frischer, in Röllchen geschnittener Schnittlauch, fein gehackter Kerbel oder geriebener Ingwer dazugegeben werden.

»Chowder« ist eine dicke, durch Kartoffeln sämig gewordene Suppe, die in den USA sehr beliebt ist. Der Name stammt aus dem Bretonischen. Traditionsgemäß werden Chowders mit Fisch zubereitet. Im 16. Jahrhundert hießen die englischen Fischverkäufer »Jowders«. Die Fischsuppe »wanderte« später zu den Fischgründen Neufundlands und an der Ostküste Amerikas entlang bis nach New York.

Grundsätzlich ist eine Chowder recht einfach und besteht aus Wasser, Fisch, Kartoffeln, Zwiebeln, fettem Speck oder Bacon. In New England allerdings gehört Sahne dazu, Tomaten sind jedoch verschmäht. Von New York bis in den Süden und Westen werden Tomaten statt Sahne zugegeben. Jeder Koch und jede Region bevorzugen andere Zutaten, und in manchen küstenfernen Küchen fehlt sogar der Fisch. Diese Version ist das Lieblingsgericht meiner Kindheit: eine echte New-England-Clam-Chowder. Ein wichtiger Rat: »Clams« dürfen höchstens 5 Minuten in der Suppe kochen, sonst werden sie zäh! Ich empfehle Venusmuscheln aus dem Glas, die allerdings gar nicht kochen dürfen, sondern nur erhitzt werden.

New-England-Clam-Chowder-Suppe

Zutaten

für etwa 8–10 Personen:
2 Gläser (je 130 g) Venusmuscheln im Saft (»Vongole Naturale«) oder 1,5 kg frische Venusmuscheln (mit Schale)
200 g fetter Speck
1 große Gemüsezwiebel (ca. 300 g) oder 2 mittelgroße Zwiebeln
1 kg Kartoffeln
2 l Brühe
1 TL Thymian
3 Lorbeerblätter
1/2 l Milch
1/2 l Sahne
Salz
2 EL Paprika

Zubereitung

Muscheln aus dem Glas über einem Sieb abgießen, Saft auffangen und mit Wasser auf 2 l auffüllen.
Speck würfeln und in einem großen Suppentopf anbraten, bis die Würfel leicht gebräunt und knusprig sind. Zwiebeln schälen, in Scheiben schneiden und dazugeben. Alles weiterbraten, bis die Zwiebeln glasig werden. Die Kartoffeln schälen, würfeln, dazugeben und kurz anschwitzen. Wasser und Muschelsaft mit Brühe auffüllen, zum Kochen bringen, sanft weiterkochen, bis die Kartoffeln sehr weich sind (ca. 15 Minuten). Thymian und Lorbeerblätter hinzugeben.
Die Suppe kann jetzt über Nacht im Kühlschrank ruhen. Die Muscheln gut zugedeckt kühl stellen. Ca. 15 Minuten vor dem Servieren Milch und Sahne unterrühren, mit Wasser zur gewünschten Konsistenz verdünnen, aufkochen. Mit Salz und Paprika abschmecken. Muscheln dazugeben und erwärmen, aber nicht kochen, sofort servieren.

Tipp

Wenn Sie frische Venusmuscheln in der Schale bekommen, geben Sie die Muscheln in die heiße Suppe und kochen sie 5 Minuten, bevor die Sahne und die Milch eingerührt werden. Hierzu passen am besten Maisbrötchen mit Butter und ein kräftiger Salat, z. B. Kraut- oder Möhrensalat.

Cioppino

(Italienische Fischsuppe aus San Francisco)

Zutaten

für etwa 8–10 Personen,
je nach Beilagen:
2 kg frischer, gemischter Seefisch ohne Gräten (etwa 4–5 verschiedene Sorten mit festem Fleisch wie Schwertfisch, Tunfisch, Barsch oder tiefgefrorene Meeresfrüchte wie Jakobsmuscheln, geschälte, rohe Scampi und Kunstkrabbenfleisch »Sirimi«)
2 fest kochende Kartoffeln
3 Zwiebeln
1/8 l Olivenöl
3 Knoblauchzehen
2 große Dosen (je 800 g) geschälte Tomaten im Saft
1/4 l trockener Rotwein, z. B. kalifornischer Zinfandel
Salz
Pfeffer
1 TL Paprika, edelsüß
1 TL Basilikum
1/2 TL Thymian
3 Lorbeerblätter
1 Bund Blattpetersilie
Wasser nach Belieben

Zubereitung

Das gemischte Fischfleisch einen Tag vor der Party in etwa 3 cm große Wüfel schneiden und im Kühlschrank gut zugedeckt aufbewahren. Gefrorene Meeresfrüchte über Nacht im Kühlschrank auftauen.

Kartoffeln, Zwiebeln und Möhren schälen und in etwa 2 cm große Stücke schneiden. In einem großen Topf das Öl erhitzen, Gemüse hineingeben und zusammen mit dem durch eine Presse gedrückten Knoblauch kurz andünsten. Petersilie entstielen und grob hacken, Tomaten klein schneiden und zusammen mit dem Wein, den Gewürzen und Kräutern unterrühren und ca. 1 Stunde köcheln lassen. Abschmecken und abkühlen lassen, im Kühlschrank gut abgedeckt aufbewahren.

Die Suppe und den Fisch bzw. die Meeresfrüchte etwa eine Stunde bevor die Gäste kommen aus dem Kühlschrank nehmen. Die Suppe erhitzen und eine halbe Stunde vor dem Servieren den Fisch in die Brühe geben. Alles kurz umrühren und köcheln lassen; 15 Minuten vor dem Essen die aufgetauten Meeresfrüchte (außer Sirimi) zufügen. Die Suppe mit Wasser zur gewünschten Konsistenz verdünnen. Die Suppe kurz vor dem Servieren abschmecken, zum Kochen bringen, höchstens 2 Minuten kochen lassen, vom Herd nehmen (Sirimi in kleine Stücke schneiden und jetzt erst unterrühren) und kurz ziehen lassen.

Tipp

Reichen Sie zu dieser Suppe Tabasco oder geschrotete, getrocknete Chilischoten und geriebenen Parmesan.

Diese wunderbare Fischsuppe ist nicht ganz so italienisch, wie ihr Name klingt: Sie stammt aus dem Mittelmeerraum, wurde aber von dem amerikanischen Ausdruck »Chip In« (= »Jeder tut sein Stückchen dazu«) geprägt. Die Berufsfischer in Nordkalifornien waren (und sind) vorwiegend italienischer Herkunft. Deshalb kochen sie für ihre Feste eine italienische Suppe, zu der jeder das Beste aus seinem Tagesfang beiträgt. Das Resultat ist eine wunderbare kalifornisch-italienische Mischung. Begleitet von einem grünen Salat, gerösteten Brotscheiben (Crostini, siehe Seite 60) und ein paar deftigen Aufstrichen (z. B. Paprikacreme, Avocadocreme, Basilikumcreme), ergibt diese Suppe ein vollständiges, leckeres Festessen!

»Jambalaya« ist eine dicke, kräftige Suppe bzw. eine Ragout-Suppe aus der Kreolenküche Louisianas. Der Name kommt (vermutlich) von dem französischen »Jambon« (Schinken) und dem afrikanischen Wort »Ayi« für Reis. Ursprünglich wurde der Reis zusammen mit einem Schinkenknochen gekocht sowie mit Gemüse und dem billigsten, was es damals im Süden gab, angereichert: Flusskrebsschwänze aus den Sümpfen und/oder Scampi aus der Bucht von Mexiko.

Jambalaya

(Scampiragout aus New Orleans)

Zutaten

1 Schinkenknochen
1 dicke Scheibe magerer Speck (1/2 cm dick)
3 mittelgroße Zwiebeln
1 kg Tomaten aus der Dose
1 l Tomatensaft oder Tomaten-Gemüse-Saft
1 Bund Staudensellerie
1 kleine, scharfe rote Chilischote
Salz
Pfeffer
1 TL Kumin
2 Lorbeerblätter
1 TL getrockneter Thymian
4 Petersilienzweige
ca. 3 l Hühner- oder Gemüsebrühe
2 EL Olivenöl
1 kg Hühnerbrust ohne Haut und Knochen
1 rote Paprikaschote und
1/2 grüne Paprikaschote
1 Knoblauchzehe
500 g Langkorn-Reis
2 kg Scampi
200 g Knochenschinken
150 ml Wasser

Zubereitung

Den Schinkenknochen und die Scheibe Speck in einen großen Suppentopf geben. 2 Zwiebeln schälen und grob hacken. Von der Selleriestaude 3–4 äußere Stiele abschneiden und in grobe Stücke brechen. Die Tomaten, den Tomatensaft, die Chilischote, Gewürze und Kräuter dazugeben. Das Ganze mit Wasser bedecken und eine Stunde kochen.

Abkühlen lassen, dann durch ein Sieb in eine große Schüssel abgießen und mit einem Löffel den restlichen Saft herausdrücken. Knochen und Gemüse wegwerfen, den Speck aufheben und in kleine Würfel schneiden. Die Brühe mit Hühner- oder Gemüsebrühe auf 4 Liter auffüllen.

Den Topf ausspülen und wieder auf den Herd stellen. Olivenöl in den Topf geben und erhitzen. Die restliche Zwiebel schälen und in feine Würfel schneiden, die restliche Sellerie in feine Querscheiben schneiden und die Paprikaschoten fein würfeln. Die Hühnerbrust in 3 cm große Würfel schneiden. Alle Zutaten mit den Speckwürfeln sowie der durchgepressten Knoblauchzehe in das Öl geben. Alles 4–5 Minuten bei ständigem Rühren dünsten. Den Reis unterrühren und weitere 5 Minuten bei ständigem Rühren mitbraten. Die durchgesiebte Brühe dazugießen und 15 Minuten köcheln lassen, bis der Reis fast gar ist. Den Knochenschinken in feine Streifen schneiden. Suppe, Scampi und Schinken über Nacht in den Kühlschrank stellen. Kurz vor dem Servieren den Reis noch einmal erhitzen. Die Brühe wird über Nacht fast »verschwunden sein«. Die Scampi schälen und in einen kleinen Topf geben, 150 ml kochendes Wasser dazugeben und aufkochen lassen. Den Topf vom Herd nehmen und das Ganze 2–3 Minuten ziehen lassen. Die Scampi mit dem Kochwasser und dem Schinken in die heiße, dicke Suppe rühren. Je nach Geschmack kann die Suppe mit etwas Wasser verdünnt werden. Alles noch einmal kurz ziehen lassen.

Tipp

Reichen Sie zu dieser kräftigen Suppe Tabasco, gehackte Petersilie und Maisbrötchen.

Geeiste italienische Tomatensuppe

Eine Traumsuppe für den Sommer: kühl und erfrischend! Aber nur, wenn Sie reife und süße Sommertomaten finden! Die Suppe gehört zu den wenigen, die leider nicht am Tag vor Ihrer Party zuzubereiten ist. Aber da sie so fantastisch schmeckt, habe ich sie in diese Rezeptesammlung aufgenommen.

Zutaten

für ca. 10 Personen als Vorsuppe:
2 kg reife Tomaten
1 l Jogurt
2 Knoblauchzehen
2 TL Kräutersalz
2 TL Paprikapulver
Pfeffer
Saft von 2 Zitronen
1 Bund frisches Basilikum
1 TL Zucker (je nach Geschmack)

Zubereitung

Die Tomaten mit kochendem Wasser überbrühen, häuten, entkernen und pürieren. Das Püree zusammen mit dem Jogurt, dem durchgepressten Knoblauch, dem Kräutersalz, Paprikapulver, Pfeffer und dem Zitronensaft verrühren. Mit etwas Zucker abschmecken. Basilikum entstielen, die Blätter fein hacken und unterrühren. Sofort servieren, da die Suppe sonst Wasser zieht.

Grüne Tomatensuppe aus der Türkei

Diese schmackhafte Suppe mundet besonders gut, wenn sie kalt serviert wird. Die grünen Tomaten gibt es im Frühsommer bei Ihrem türkischen Gemüsehändler.

Zutaten

1,5 kg grüne Tomaten
1 kleine Zwiebel
etwas Öl
1 l Gemüsebrühe
75 ml Jogurt
Salz
Pfeffer
4–5 Zweige frischer Dill
1 kleine rote Paprikaschote
100 g Fetakäse, zerbröselt

Zubereitung

Die Tomaten entkernen und grob hacken. Die Zwiebel schälen und ebenfalls hacken. Die Zwiebel im Öl 3–4 Minuten anbraten, bis sie glasig ist. Die Tomatenstückchen unterrühren und 5 Minuten mitschmoren lassen. Die Gemüsebrühe zugießen, 10 Minuten köcheln lassen. Vom Herd nehmen und abkühlen lassen. Die Mischung mit dem Pürierstab oder dem Mixer pürieren. Den Jogurt unterrühren. Mit Salz und Pfeffer abschmecken. Über Nacht kalt stellen. Kurz vor dem Servieren den fein gehackten Dill und die in Stifte geschnittene Paprika zufügen. Mit Fetakäse garnieren, kalt servieren.
Dazu frisches Fladenbrot reichen.

Frische Erbsensuppe mit Champagner

Zutaten

2 l Hühnerfond oder -bouillon
1,5 kg TK-Erbsen
1 l Sahne
Salz
1 Prise Zucker
1 Bund frischer Kerbel
0,5 l Champagner oder Sekt

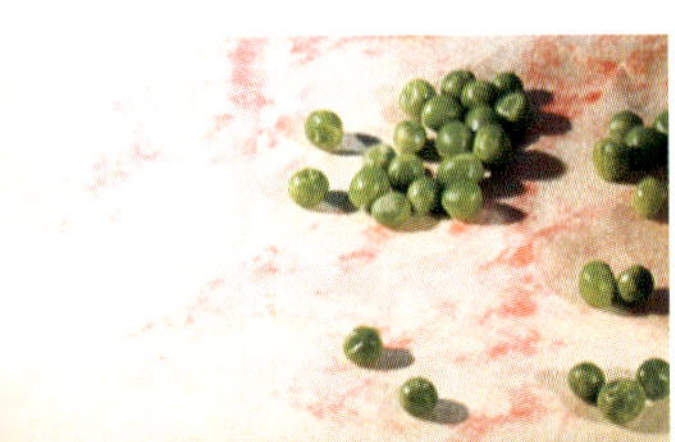

Zubereitung

Die Hühnerbouillon in einem großen Topf aufkochen, die Erbsen hinzufügen und ca. 4–5 Minuten kochen, anschließend pürieren. Die Sahne, das Salz und eine Prise Zucker hinzufügen, unterrühren und das Ganze abschmecken. Eine Nacht kalt stellen. Vor dem Servieren erhitzen, den sehr fein gehackten Kerbel darüber streuen und nochmals abschmecken. Den Champagner oder Sekt direkt vor dem Servieren dazugießen. Die Suppe kann man auch geeist servieren. Reichen Sie dazu frisches Baguette.

Pikante Maissuppe mit Limetten und Koriander

Diese pikante Suppe eignet sich hervorragend als Auftakt zu einem mexikanischen oder spanischen Essen, aber auch als alleiniger Hauptgang nach einem reichlichen Vorspeisen-Angebot. Sie sollte stets mit frischem Mais zubereitet werden, um den typischen Geschmack zu bekommen. Frischen Koriander findet man in Asienläden, Feinkostabteilungen und häufig auch auf dem Wochenmarkt. Und die milde grüne Paprika (nicht die »normalen« grünen Paprikaschoten, die zu intensiv schmecken) kauft man am besten in türkischen Lebensmittelgeschäften.

Zutaten

Olivenöl
3 Knoblauchzehen
1 rote Paprika
1 TL Kuminkörner
1 TL Korianderkörner
1 Bund frischer Koriander
3 mittelgroße Zwiebeln
1 kleine, frische rote Chilischote
3 hellgrüne, breite türkische Paprika
5–6 Maiskolben
3 l Gemüse- oder Hühnerbrühe
1/4 l süße Sahne
3 EL Limettensaft
Tabasco

Zubereitung

Die ungeschälten Knoblauchzehen leicht einölen, in ein Stück Alufolie wickeln und ca. 30 Minuten im Ofen bei 180 °C backen, bis sie weich sind. Währenddessen die rote Paprikaschote leicht einölen, auf ein Backblech legen und rösten, bis sich dunkelbraune Blasen an der Haut bilden.

Die Schote sollte nicht ganz zusammenfallen. Knoblauch und Paprika aus dem Ofen nehmen, die Paprikaschote mit einem Tuch abdecken und abkühlen lassen, den Knoblauch zur Seite stellen. Die Paprika mit einem kleinen Messer häuten, putzen, entkernen, das Fruchtfleisch fein hacken und auch beiseite stellen.

Die Kumin- und Korianderkörner 1–2 Minuten in einer Bratpfanne rösten. Die abgekühlten Körner in der Kaffeemühle fein mahlen, zur Seite stellen. Die Blätter von den Korianderstielen abzupfen, auch beiseite stellen. Die geschälten und fein gehackten Zwiebeln in einem Suppentopf mit 3 EL Olivenöl andünsten, bis sie weich, aber noch nicht gebräunt sind. 1/3 der Zwiebelwürfel herausnehmen und zu dem gehackten roten Paprika geben. Chili- und grüne Paprikaschoten entkernen, klein hacken und zu den Zwiebeln in den Topf geben. Mit einem scharfen Messer die Maiskörner von den Kolben schneiden; 2/3 davon in den Topf geben, 1/3 beiseite stellen. Die Kolben in 2–3 Stücke brechen und ebenfalls in den Topf geben. Die Brühe dazugeben und das Ganze 1/2 Stunde ohne Deckel köcheln lassen. Die restlichen Maiskörner in einem kleinen Topf in 1 EL Öl 2–3 Minuten andünsten, zu den roten Paprika- und Zwiebelwürfeln geben. Die Kolben aus der Suppe nehmen. Die gerösteten Knoblauchzehen aus den Häuten drücken, mit einer Gabel zerdrücken und in die Suppe geben.

Die Suppe mit einem Pürierstab pürieren, mit dem fein gemahlenen Koriander und dem Kumin würzen. Suppe, Paprika- und Zwiebelwürfel, Maiskörner und Korianderblätter über Nacht kalt stellen.

Kurz vor dem Essen die Suppe aus dem Kühlschrank nehmen und erhitzen. Die Sahne unterrühren. Korianderblätter klein hacken. Die vorbereiteten Zutaten bis auf die Korianderblätter in die Suppe geben, erhitzen und abschmecken. Den Limettensaft dazugießen und die Suppe heiß servieren. Die gehackten Korianderblätter und Tabasco dazu reichen.

Tipp

Früher habe ich die Korianderblätter in die Suppe eingerührt. Inzwischen weiß ich, dass nicht jeder ein Freund von Koriander ist. Wenn Sie – oder einer Ihrer Gäste – es nicht mögen, können Sie diese Zutat durch frische Blattpetersilie ersetzen.

Mexikanische Knoblauchsuppe

Zutaten

1 ganze Knoblauchknolle
etwas Öl
2 rote Paprikaschoten
4 Fleischtomaten
1 große Gemüsezwiebel oder
3 mittelgroße Zwiebeln
1 TL Kuminkörner
1 TL Chili-Gewürzmischung
1 TL Oregano
3 l Hühnerbrühe
1 l Sahne
ca. 500 g Semmelbrösel (am besten aus Vollkornbrot)
1 Bund Blattpetersilie
Tabasco
Salz
Pfeffer

Zubereitung

Von der Knoblauchknolle das obere Ende abschneiden, damit man die Spitzen von den Zehen sehen kann. Die Knolle auf ein Stück Alufolie legen, mit 1/2 TL Öl beträufeln, einwickeln und auf ein Backblech legen. Die roten Paprikaschoten leicht einölen und zur Knoblauchknolle legen. Die Tomaten halbieren und mit der Schnittfläche nach oben auf das Blech legen. Die Gemüsezwiebel in drei dicke Scheiben schneiden, leicht einölen und dazulegen.

Im Ofen bei 190 °C ca. 30 Minuten backen, bis Zwiebeln, Tomaten und Paprika dunkelbraune bis schwarze Stellen aufweisen und die Haut der Paprikaschote Blasen wirft. Alles aus dem Ofen nehmen.
Zwiebeln und Tomaten fein pürieren. Die Paprikaschoten mit einem Küchentuch abdecken und abkühlen lassen, dann mit einem kleinen, scharfen Messer häuten, putzen und entkernen, in feine Würfel schneiden und beiseite stellen. Das Zwiebel-Tomatenpüree in den Suppentopf geben. Die Knoblauchknolle auswickeln, die Zehen aus der Haut drücken, in den Topf geben. Die Gewürze dazugeben und die Hühnerbrühe unterrühren. Die Suppe aufkochen und 30 Minuten köcheln lassen.
Über Nacht im Kühlschrank ziehen lassen.
Die Suppe 1/2 Stunde vor dem Servieren nochmals erhitzen. Die Sahne und die Semmelbrösel nach und nach unterrühren, bis die Suppe die richtige Konsistenz hat (die benötigte Menge der Brösel hängt von der Sorte ab, die man verwendet).
Die Paprikawürfel und die fein gehackte Petersilie dazugeben, mit Salz, Pfeffer und Tabasco abschmecken und 10 Minuten ziehen lassen.

Rote Linsensuppe

Zutaten

150 g kleine rote Linsen
1 mittelgroße Kartoffel
1 große Möhre
2 mittelgroße Zwiebeln
1 Knoblauchzehe
Olivenöl
1 TL Kuminkörner
oder gemahlener Kumin
6 Lorbeerblätter
1,5 l Gemüsebrühe
4–5 Stängel Blattpetersilie
1 Zitrone
scharfer Paprika
Sumak (türkisches Gewürz), wenn erhältlich

Zubereitung

Die Linsen in ein Sieb geben, gründlich mit Wasser abspülen und wenn nötig verlesen (kleine Steine entfernen).
Kartoffel, Möhre und Zwiebeln schälen und in kleine Würfel schneiden. Knoblauch schälen und durch eine Presse geben.
Alles bis auf die Linsen in etwas Olivenöl in einem großen Suppentopf anbraten, bis die Zwiebeln glasig sind. Linsen, Kumin, Lorbeerblätter und Gemüsebrühe zufügen und einrühren. Alles aufkochen lassen und 20–30 Minuten unter gelegentlichem Umrühren kochen, bis das Gemüse gar ist und die Linsen zu Püree zerfallen sind. Kalt stellen.
Petersilienblätter von den Stängeln zupfen, fein hacken, in die Suppe geben und servieren.
Dazu mehrere Zitronenachtel, Paprikapulver und Sumak als Streuwürz reichen.

Kastaniensuppe aus dem Piemont

Diese Herbst- und Wintersuppe stammt aus Norditalien, wo noch heute große Esskastanienwälder wachsen. Ich koche sie immer im Winter, wenn die Maroni-Verkäufer auf der Straße ihre heißen Köstlichkeiten anbieten.

Zutaten

1 kg geröstete Kastanien
250 g Schalotten
250 g Selleriewurzel
8 EL Olivenöl
3 l Gemüse- oder Hühnerbrühe
1/4 l trockener Sherry
1/2 l Sahne
1/2 TL Fenchelkörner
Salz
1 TL frische Rosmarinnadeln

Zubereitung

Die Kastanien, Schalotten und Selleriewurzel schälen und fein hacken. Alles in einen Suppentopf geben und mit 4 EL Olivenöl andünsten, bis die Schalotten glasig sind. Die Gemüse- oder Hühnerbrühe dazugeben und ca. 30 Minuten köcheln lassen. Die Selleriewurzel als auch die Kastanien sollten weich sein. Alles pürieren.
Den Sherry, die Sahne und die fein zerstoßenen Fenchelkörner unterrühren, mit Salz abschmecken. Die Suppe schmeckt noch besser, wenn sie über Nacht im Kühlschrank durchziehen kann.
Kurz vor dem Servieren die gehackten Rosmarinnadeln in 4 EL Öl erhitzen, vom Herd nehmen und 2–3 Minuten ziehen lassen. Die Rosmarinnadeln mit dem Öl in die Suppe geben.

Diese leckere grüne Suppe können Sie, wenn im Frühjahr die frischen Brennnesseln aus dem Boden sprießen, alternativ auch mit Brennnesseln kochen.

Spanische Petersiliensuppe

Zutaten

2 Knoblauchzehen
4 Fleischtomaten
2 rote Paprikaschoten
1 große Gemüsezwiebel
oder 3 mittelgroße Zwiebeln
Olivenöl
1 kg Kartoffeln
2 l Gemüse- oder Hühnerbrühe
1 TL Kümmelkörner
1 TL Cayennepfeffer
1 TL Oregano
1 l Sahne
3 Bund Blattpetersilie (ca. 300 g)

Zubereitung

Die ungeschälten Knoblauchzehen, Fleischtomaten, Paprikaschoten und eine große, in Scheiben geschnittene Gemüsezwiebel einölen und im Ofen rösten (siehe »Mexikanische Knoblauchsuppe« Seite 22). Wenn das Gemüse dunkelbraune Stellen hat und die Paprikaschote Blasen wirft, aus dem Ofen nehmen.

Die Paprika abdecken, abkühlen lassen, enthäuten, putzen und in Würfel schneiden. Zwiebelscheiben, Tomaten und Knoblauch unpüriert in den Suppentopf geben, die geschälten und zerhackten Kartoffeln dazugeben. Das Ganze mit der Gemüse- oder Hühnerbrühe aufgießen, die Gewürze hineingeben und 1/2 Stunde köcheln lassen. Die Kartoffeln sollten weich sein. Die Mischung pürieren, abschmecken und über Nacht im Kühlschrank ziehen lassen.

Kurz vor dem Essen die Sahne und gegebenenfalls etwas Wasser oder Brühe einrühren; die Petersilie entstielen, die Blätter sehr fein hacken. Mit den Paprikawürfeln dazugeben. Die Suppe wieder kurz aufkochen lassen.

Feurige Ochsenschwanz-suppe aus Kuba

Zutaten

4 kg Ochsenschwanz
oder Hohe Rippe
Mehl, Salz und Pfeffer zum Panieren
4 frische, scharfe Chilischoten
3 Knoblauchzehen
1 Bund Staudensellerie
1 Gemüsezwiebel
1 rote Paprika
1 grüne Paprika
500 g Tomaten
1/6 l Olivenöl
4 EL Muscovado-Zucker oder
eine andere dunkle Zuckersorte
4 EL Rotwein-Essig
4 EL Worcestersauce
2 TL Thymian
4–5 Lorbeerblätter
2 l Wasser
3 EL Paprikapulver edelsüß
pro Person 1/2 Apfelsine

Zubereitung

Die Ochsenschwänze von groben Fettstücken befreien, in Mehl mit Salz und schwarzem Pfeffer wälzen, beiseite stellen.
Die Chilis entstielen, entkernen und fein würfeln. Knoblauch fein hacken, Sellerie putzen, die dunklen Außenstiele entfernen, die hellen Innenstiele in dünne Querscheiben schneiden. Die Zwiebel hacken, Paprikaschoten entkernen und hacken, Tomaten enthäuten, entkernen und grob hacken. Olivenöl in einem großen Topf erhitzen und die Ochsenschwänze nach und nach darin ringsum anbräunen. Aus dem Topf nehmen und auf eine Platte legen.
Das Fett aus dem Topf bis auf einige TL abgießen. Knoblauch, Chili und Sellerie hineingeben, 1 Minute braten. Zwiebel und Paprika dazugeben und weiterbraten, bis sie weich sind (ca. 10 Minuten). Zucker, Essig, Worcestersauce, Tomaten, Thymian und Lorbeerblätter unterrühren und 10 Minuten köcheln lassen.
Die Ochsenschwänze wieder in den Topf geben und mit 2 l Wasser auffüllen. Zudecken und so lange kochen, bis das Fleisch vom Knochen fällt (das dauert ca. 3–4 Stunden). Dabei immer wieder umrühren und, falls nötig, noch Wasser zugießen, damit nichts anbrennt.
Die Suppe über Nacht in den Kühlschrank stellen. Am nächsten Tag das Fett von der Oberfläche abnehmen, die Knochen entfernen, anhaftendes Fleisch abschneiden. Nochmals aufkochen und abschmecken. Die Suppe kann weitere 1–2 Tage im Kühlschrank aufbewahrt werden.
Kurz vor dem Servieren das Paprikapulver einrühren. Die Apfelsinen in Spalten schneiden und zur Suppe reichen, der Gast sprenkelt die Suppe mit frischem Orangensaft.

Viele Gerichte aus den armen Ländern der Karibik werden mit preiswertem, aber auch sehr schmackhaftem Fleisch gekocht. Für diese kubanische Suppe nimmt man Ochsenschwänze, die so lange gekocht werden, bis das Fleisch vom Knochen fällt. Alternativ kann man Hohe Rippe oder anderes relativ fettes Suppenfleisch nehmen. Die Suppe serviert man mit einer großen Schüssel Reis. Man muss sie natürlich nicht so scharf zubereiten!

Brasilianische Schwarze-Bohnen-Suppe »Feijoado«

Schwarze Bohnen sind eines der wichtigsten Grundnahrungsmittel in Brasilien. »Feijoada« ist ein daraus zubereitetes, sehr üppiges Gericht mit mehreren Sorten Fleisch (u. a. Schweinefüßchen und -ohren, Rinderzunge, mehrere Wurstsorten), das mit zahlreichen Beilagen serviert wird. Diese Version ist als leichtere Suppe gedacht – viel einfacher, aber immer noch sehr schmackhaft. Sie ist auch als sättigendes Hauptgericht geeignet. Am besten serviert man sie nach einigen leichten Vorspeisen mit Gemüse oder einem grünen Salat. Ohne Reis und Obst reicht sie als Hauptgericht für 15 Personen, mit den Beilagen können bis zu 20 Personen satt werden.

Zutaten

für 15–20 Personen:
500 g getrocknete schwarze Bohnen
200 g magerer Speck
2 große Zwiebeln
2 große Möhren
4 Knoblauchzehen
15 schwarze Pfefferkörner
3 Lorbeerblätter
1–3 frische Chilischoten
1 kg Tomaten im Saft (aus der Dose)
2 1/2 l Wasser
Salz
3–4 Chorizo (spanische Würstchen)
2 Grapefruits
5 Apfelsinen
1 Ananas
200 g Reis, am besten Rundkorn
200 g gemahlene Mandeln

Zubereitung

Zwei Tage vor der Party die schwarzen Bohnen über Nacht zugedeckt in kaltem Wasser einweichen.
Am Morgen darauf den in Scheiben geschnittenen Speck in einen Suppentopf geben und anbraten. Zwiebeln, Möhren und Knoblauch schälen, grob hacken und in den Topf geben. Alles braten, bis die Zwiebeln glasig sind. Ganze Pfefferkörner und Lorbeerblätter hinzufügen. Bohnen abgießen und zusammen mit den Chilischoten und den Tomaten in den Topf geben. Mit 2 l Wasser auffüllen und 1 Stunde bei mittlerer Hitze kochen lassen. Salz und die geschälten und in dünne Scheiben geschnittenen Chorizo hinzufügen, das Ganze 2 Stunden weiterkochen lassen. Gelegentlich etwas Wasser zugießen, damit die Suppe Ihnen nicht anbrennt, und zwischendurch abschmecken. Grapefruits, Apfelsinen

und Ananas schälen, klein schneiden, in eine Schale geben und zudecken. Suppe und Obst über Nacht in den Kühlschrank stellen.
Eine Stunde vor dem Essen die Suppe langsam erwärmen, mit etwas Wasser verdünnen und dann nochmals abschmecken. Den Reis garen.

Die gemahlenen Mandeln in einer Bratpfanne langsam rösten, bis sie leicht gebräunt sind. In jeden Suppenteller einen Löffel Reis geben, die Suppe darüber gießen. Einen großen Löffel Obstsalat auf die Suppe geben und mit den gerösteten Mandeln bestreuen.

Schwedische Suppe mit Trockenerbsen

Zutaten

1 kg grüne geschälte Trockenerbsen
100 g fetter Speck
Öl
1 große Zwiebel
2 große Möhren
4-5 Stangen Staudensellerie
1 Schinkenknochen
2 l Hühnerfond
1 l Wasser
1 TL grüne Pfefferkörner in Salzlake
2 EL Sojasauce
1/2 l Milch
2-3 Bund Dill
ca. 1/4 l Sahne nach Wunsch

Zubereitung

Die grünen Trockenerbsen über Nacht einweichen. Den fetten Speck in kleine Würfel schneiden und in einem großen Suppentopf schmoren, bis das Fett ausgebraten ist und die Würfel leicht braun sind. Das Fett bis auf 3-4 EL weggießen.
Zwiebel schälen und grob hacken, die Möhren schälen und fein zerkleinern, den Sellerie in feine Scheiben schneiden. Das Gemüse in den Topf geben und braten, bis die Zwiebel weich ist. Das Einweichwasser der Erbsen abgießen und mit dem Schinkenknochen, dem Hühnerfond und etwa 1 l Wasser zum Gemüse geben. Zum Kochen bringen und ca. 2-3 Stunden köcheln lassen, bis die Erbsen zu Mus zerfallen sind. Den Knochen entfernen.
Die Suppe mit den leicht zerquetschten Pfefferkörnern und der Sojasauce abschmecken und die Milch dazugeben. Den Dill sehr fein hacken und darüber streuen. Nochmals aufkochen und 1/2 Stunde köcheln lassen.
Wenn erwünscht, mit 4 EL geschlagener Sahne verfeinern.

Dips & A

ufstriche

DIPS & AUFSTRICHE

Schon im Teenager-Alter wurde ich zur »Feinschmeckerin«: Ich entdeckte »Dips«, diese cremigen Mischungen, die den Verzehr von Salzstangen, Crackers und Kartoffelchips zu einem Hochgenuss machen.

Das war in den 50er-Jahren. Die amerikanische Suppenfirma »Campbells« hatte gerade ihre ersten Trockensuppen auf den Markt gebracht und registrierte eine merkwürdige Entwicklung beim Verkauf der Tüten-Zwiebelsuppe: Im Bundesstaat Kalifornien ging monatlich mehr davon über die Ladentische als in den restlichen Staaten zusammen. Nachforschungen ergaben: Der »California-Dip«, ein Päckchen Zwiebelsuppe auf einen Becher saure Sahne, hatte seinen Siegeszug in Los Angeles angetreten. Bis ich Ende der 50er-Jahre diesen Zwiebel-Dip entdeckte, gehörte er schon zum Standardangebot auf jeder amerikanischen Party. Man tunkte seine Kartoffelchips oder Crackers in den großen Topf mit »California-Dip« und führte diese dann manierlich zum Mund. Zweimal mit dem gleichen Cracker zu dippen, galt und gilt heute immer noch als unfein.

In Deutschland verzehrt man die Dips nicht so ungeniert: Die Deutschen essen nicht gern mit den Händen, und Dips versteht man eher als Aufstriche, die man mit einem Löffel auf den eigenen Teller gibt, um sie dann ganz für sich mit dem Messer auf das eigene Brot oder auf den Cracker zu streichen.

Inzwischen hat man eine schier grenzenlose Menge an Dips erfunden, und banale Kartoffelchips sind längst durch allerhand andere Dip-Träger ergänzt worden. Die leckeren Cremes sind auch als Kanapee-Belag, Füllungen und Saucen zu verwenden. Und mit zwei oder drei solcher Aufstriche auf dem Tisch kann man auch eine Menge Gäste satt kriegen oder jedenfalls ihren Appetit anregen!

CALIFORNIA-DIP

Der Klassiker schlechthin

ZUTATEN

1 Becher (200 g) saure Sahne

1 Tüte Zwiebelsuppe

ZUBEREITUNG

Die Zwiebelsuppe in die saure Sahne rühren und gut vermischen.

Die Mischung kühl stellen und einige Zeit ziehen lassen.

Avocado-Creme

Zutaten

2 Avocados
1 Bund Basilikum (5-6 Stiele)
150 ml Jogurt
Saft von 1 Limette oder Zitrone
Salz oder Kräutersalz
Tabasco

Zubereitung

Die Avocados schälen. Die Basilikumblätter von den Stängeln zupfen und zerkleinern.
Das Fruchtfleisch der beiden Avocados und das Basilikum zusammen mit dem Jogurt, dem Zitronen- oder Limettensaft und dem Salz vermischen und pürieren.
Einige Spritzer Tabasco zufügen und nochmals gut umrühren.

Koriander-Kumin-Dip

Meine Freundin Margot hat ein Restaurant in der Provence. Hier steht der Koriander-Kumin-Dip als Brotaufstrich auf dem Tisch, zur Begeisterung ihrer Gäste.

Zutaten

200 g Sahnefrischkäse
3-5 EL Milch
1 TL Kuminkörner
1 TL Korianderkörner
1 TL Fenchelkörner
Kräutersalz
Cayennepfeffer

Zubereitung

Den Frischkäse zusammen mit der Milch cremig verrühren. Die Kumin-, Koriander- und Fenchelkörner in einer Kaffeemühle mahlen und unter die Creme rühren; mit Kräutersalz und Cayennepfeffer abschmecken.

Tipp

Wer gerne Knoblauch mag, kann eine durchgepresste Knoblauchzehe hinzufügen.
Mit 1 TL zugefügtem Kurkuma bekommt der Dip eine wunderschöne gelbe Farbe.

Hoummus

(Kichererbsencreme)

Zutaten

1 Dose Kichererbsen
(Abtropfgewicht 240 g)
3 EL Tahin (Sesampaste)
2 EL geröstetes Sesamöl
1 Knoblauchzehe
Saft einer Zitrone
4 EL Jogurt
etwas Wasser
Salz
3 EL Sesamkörner
5 EL Olivenöl
1 Granatapfel

»Baba Ghanoosh«: Dip aus gerösteten Auberginen (links) und Hoummus (rechts)

Zubereitung

Die Kichererbsen zusammen mit dem Tahin, dem gerösteten Sesamöl, der gepressten Knoblauchzehe und dem Zitronensaft vermischen. Den Jogurt unterrühren, anschließend pürieren. Mit etwas Wasser zu einer Creme verdünnen und mit Salz abschmecken. Die Sesamkörner in einer Pfanne ohne Fett braten, bis sie springen, dann über die Creme streuen. Etwas Olivenöl darüber träufeln und mit den Kernen eines Granatapfels verzieren.

Baba Ghanoosh

(Dip von gerösteten Auberginen)

Tahin und Sesamöl gibt es in Asien- und Indienläden und in einigen Naturkostläden. Das Sesamöl wird aus gerösteter Sesamsaat gewonnen und ist dunkelbraun.

Zutaten

2 Auberginen
2 Knoblauchzehen
6 EL Tahin (Sesampaste)
2 EL geröstetes Sesamöl
Saft von 1–2 Zitronen
Salz
etwas Olivenöl
2–3 Stängel Blattpetersilie

Zubereitung

Die ungeschälten Auberginen und Knoblauchzehen auf ein Backblech legen und bei 190 °C so lange backen, bis sie weich, gebräunt und zerfallen sind. Abkühlen lassen.
Die Auberginen aufschneiden, das Fruchtfleisch mit einem Löffel herauskratzen und zerkleinern. Das Knoblauchfleisch aus der Haut drücken und fein hacken. Das Ganze miteinander verrühren. Tahin, Sesamöl, Zitronensaft und Salz dazugeben und alles miteinander cremig rühren.
Den Dip in eine Schüssel geben, mit Olivenöl beträufeln und mit fein gehackter Petersilie bestreuen.

Tipp

Dazu schmeckt am besten frisches Fladenbrot.

Muhammara

(Türkischer Walnuss-Paprika-Dip)

Die Granatapfel-Melasse, die man für die Zubereitung dieses Dips benötigt, gibt es meist in türkischen Gemüseläden.

Zutaten

1 Glas marinierte Paprika
(200 g Abtropfgewicht)
2–3 Scheiben Weißbrot
100 g Walnusskerne
1/4 l Olivenöl
2 Knoblauchzehen
2–3 EL Zitronensaft
2 EL Granatapfel-Melasse
oder dunkler Honig
1 TL gemahlener Kumin
Cayennepfeffer
Salz

Zubereitung

Die Paprika abtropfen lassen und mit dem entrindeten und gewürfelten Weißbrot pürieren. Die Walnusskerne in einer Pfanne mit 2–3 EL Olivenöl leicht rösten (nicht dunkel werden lassen!) und zu der Paprika-Brot-Mischung geben. Die Knoblauchzehen durch eine Presse drücken und dazugeben. Zitronensaft, Granatapfel-Melasse und Kumin unterrühren. Die Mischung erneut pürieren, das restliche Olivenöl langsam beim Pürieren hineingießen, bis ein cremiges Püree entsteht. Eine zu dicke Creme lässt sich mit etwas Wasser oder Zitronensaft verdünnen, eine zu dünne Creme durch die Zugabe von Brotwürfeln verdicken. Die fertige Creme mit Salz und Cayennepfeffer abschmecken.

Tipp

Wer kein Kumin mag, kann diesen Dip »italienisch« zubereiten: Statt Kumin und Granatapfel-Melasse geben Sie die fein zerkleinerten Blätter von einem Bund Basilikum dazu.

Getrocknete Tomaten in Olivenöl kann man inzwischen fast überall bekommen. Nur die Qualität schwankt enorm: Einige Sorten sind sauer, salzig und zäh. Eine gute Qualität hat meist auch ihren Preis. Der Kauf lohnt sich aber, denn aus den eingelegten Tomaten lässt sich eine schmackhafte Creme zaubern.

Scharfer Dip aus getrockneten Tomaten

Zutaten

1 Glas getrocknete Tomaten in Olivenöl (ca. 100 g)
1 Päckchen Frischkäse
1 frische rote Chilischote
1 kleine rote Zwiebel

Zubereitung

Die Tomaten abtropfen lassen und zusammen mit dem Käse pürieren. Nach und nach das Öl von den Tomaten dazugeben, bis eine cremige Masse entsteht.
Die zerkleinerte Chilischote (nach Geschmack) und fein gehackte Zwiebel unterrühren.

Tipp

Diesen scharfen Dip serviert man am besten zu Crostinis, Toast oder Grissini.

Mykonos-Dip

Diesen im Geschmack sehr kräftigen Dip serviert man am besten mit Fenchelscheiben, Frühlingszwiebeln und anderem rohen Gemüse, Fladenbrot und auch Grissini (italienische Brotstäbchen). Einmal habe ich den Mykonos-Dip auch in einer ausgehöhlten Rotkohl-Hälfte serviert (die andere Hälfte des Kohls wurde zu einem Salat verarbeitet). Das sah wunderbar aus!

Zutaten

12 Sardellenfilets in Öl
1 Knoblauchzehe
4 Eigelb
1/4 l Olivenöl
500 g Fetakäse
3–4 EL saure Sahne
1 Bund Schnittlauch
1 EL Kapern in Essig
2 TL Oregano
Tabasco

Zubereitung

Die Sardellenfilets zusammen mit der durchgepressten Knoblauchzehe und dem Eigelb in einen Mixer geben und pürieren. Dabei das Öl langsam dazugießen.
Die Mischung in eine Schüssel geben und zusammen mit dem zerbröselten Fetakäse, der sauren Sahne, dem fein geschnittenen Schnittlauch und den Kapern verrühren. Mit Oregano würzen und mit etwas Tabasco abschmecken. Den Dip am besten zwei Tage gut zugedeckt im Kühlschrank durchziehen lassen.

Chutneycreme

Dieser einfache Dip ist vor allem bei Kindern beliebt. Beim Mango-Chutney sollte die süßere Variante bevorzugt werden.

Zutaten

ca. 200 g Sahnefrischkäse
3–4 EL »Major Greys«-Mango-Chutney
Sahne nach Bedarf

Zubereitung

Den Sahnefrischkäse mit dem »Major Greys«-Mango-Chutney pürieren. Etwas Sahne hinzufügen, bis eine cremige Konsistenz entsteht.

Tipp

Die Chutneycreme passt am besten zu Crackern.

Paprikacreme

Zutaten

3 rote Paprikaschoten
Öl
Salz und Pfeffer
Cayennepfeffer
3 EL Balsamico-Essig
1 Knoblauchzehe
1–2 Päckchen (je 200 g) weicher »Fetaki« oder »Medirano«-Käse

Zubereitung

Die Paprikaschoten leicht ölen, auf einem Backblech bei 180 °C im Ofen rösten, bis die Haut schwarze Flecken hat und Blasen wirft. Mit einem Küchentuch zudecken, abkühlen lassen.

Anschließend mit einem kleinen, scharfen Messer häuten, putzen, entkernen und fein hacken. Das Paprikafleisch mit Salz und Pfeffer, Cayennepfeffer, Balsamico-Essig und dem durchgepressten Knoblauch vermischen, den Käse dazugeben und das Ganze pürieren.

Tipp

Paprikapüree kann man meist auch beim türkischen Gemüsehändler kaufen. Es muss dann nur noch mit Käse vermischt werden. Viele fertige Paprikapürees sind allerdings viel zu scharf für diesen Dip!
Vorher probieren!

Diese Guacamole reicht man in mexikanischen Restaurants und auch in Kalifornien als Dip zu Tortillas oder als Beilage zum Essen. Sie sollte richtig scharf sein, aber das ist natürlich Geschmackssache.

Mexikanische Avocado-Guacamole

Zutaten

2 vollreife Avocados
2 Fleischtomaten
1 kleine rote Zwiebel
1 Knoblauchzehe
1 Bund frischer Koriander
1 kleine Chilischote
Salz
Saft einer Limette

Zubereitung

Die vollreifen Avocados schälen und in kleine Würfel schneiden, die Fleischtomaten halbieren, die Kerne herausdrücken und die Tomaten ebenfalls klein würfeln. Die Zwiebel sehr fein hacken und den Knoblauch durch eine Presse geben. Die Korianderblätter von den Stängeln zupfen, grob hacken, die Chilischote sehr fein hacken.

Alle Zutaten gut vermischen und mit einer Gabel zu einer groben, stückigen Muspaste zerdrücken. Mit Salz und Limettensaft abschmecken.

Tipp

Dieser Dip schmeckt hervorragend zu Tortillachips.

Currycreme

Zutaten

200 g Sahnefrischkäse
100 ml Jogurt
2 EL milde Currypaste
Petersilien- oder Limettenblätter

Zubereitung

Den Sahnefrischkäse und den Jogurt vermischen. Die Currypaste dazugeben. Alle Zutaten gut miteinander verrühren. Zum Schluss mit fein gehackten Petersilien- oder Limettenblättern bestreuen.

Tipp

Besonders gut schmeckt mir die »Patak«-Currypaste, die es in Asien- und Indienläden zu kaufen gibt.

Scharfer Tomatendip (links), mexikanische Avocadoguacamole (vorne), Currycreme (hinten rechts)

Vorspe

isen

KLEINE GAUMENKITZLER

Amuse-geules, Antipasti und andere Köstlichkeiten

Sie sind das Highlight eines jeden Büfetts und die größte Freude für die Gäste: die kleinen Antipasti, Meze, Hors d'oeuvres, Vorspeisen, Starters, Häppchen, Amuse-geules, Kanapees. Ich kenne kein Land der Erde, in dem sie nicht geliebt werden.

Gedünstete und gebratene, gesottene und gedämpfte, frittierte und in Teig gewickelte Leckereien kommen auf großen Platten angerichtet auf den Tisch, und der Gast kann sich nach Lust und Laune bedienen. Andere Leckereien werden zu kleinen Häppchen geformt, mit Zahnstochern befestigt und auf Tabletts beim Cocktail-Empfang herumgereicht.

In Chinatown, New York, werden die chinesischen Variationen, die so genannten Dim Sum, auf kleinen Tellern auf Rolltischen oder Laufbändern angefahren, und der Gast schnappt sich sein Lieblingshäppchen; hinterher wird nach der Zahl der Teller abgerechnet. In Indien werden sie in kleinen Messingschalen aufgereiht, und jeder nimmt sich sein Lieblingshäppchen und dazu Fladenbrot. In Afghanistan sitzt man um ein großes Tuch auf dem Fußboden und nimmt die Kleinigkeiten mit den Händen aus Gemeinschaftsschalen. Ob es nun in der Türkei Oliven zu einem Glas Raki sind oder wunderschön angerichtete Häppchen in Lackschalen mit einem warmen Sake in Japan oder aber Lachsstreifen auf Toast mit einem eiskalten Aquavit in Stockholm: Diese kulinarischen Kleinigkeiten sind überall der Inbegriff von Gastfreundschaft.

Notabene: Wenn Sie mehrere Vorspeisen zubereiten möchten, sollten Sie immer bedenken, dass der Gast normalerweise nur 1–2 Servierlöffel von jeder Platte essen kann. Versuchen Sie nicht, von jedem Gericht genug für eine richtige Portion pro Person anzubieten! Wenn Sie zehn Vorspeisen von je einem Kilogramm Fertiggewicht anbieten, haben Sie wahrscheinlich genug für 30–50 Personen je nach Hauptgericht, Dauer des Büfetts und Alter der Gäste.

Mariniertes Gemüse

Mariniertes Gemüse ist ideal für das große Büfett, weil es nicht nur im Voraus zubereitet werden darf, sondern muss! Einiges davon, wie z. B. Caponata, benötigt schon zwei bis drei Tage im Kühlschrank, ehe es wirklich optimal schmeckt. Deshalb schreibe ich zu jedem Gericht die optimale Ruhezeit dazu.

Möhren mit Rosmarin in Himbeerdressing

Verwenden Sie nur frischen Rosmarin und frisch gepressten Orangensaft. Das Kräutersalz provenzalisch gibt es in Naturkostläden.

Zutaten

1 kg Möhren
4–5 Zweige frischer Rosmarin oder Thymian
2 EL Kräutersalz provenzalisch
1/4 l Olivenöl
3–4 EL Himbeer-Essig
1/4 l Orangensaft

Zubereitung

Die Möhren schälen und in schräge Scheiben oder Stifte (so groß wie Pommes frites) schneiden. Die Blätter vom Rosmarin abstreifen, 1–2 Zweige als Verzierung ganz belassen. Die Möhren zusammen mit den Rosmarinblättern, Salz und Olivenöl mischen und auf einem Backblech ausbreiten. 30–45 Minuten bei 185 °C backen, bis die Möhren eine kräftige Bräune zeigen. Das Backblech aus dem Ofen nehmen und sofort mit dem Essig und Orangensaft beträufeln.

Das Ganze in eine Servierschale geben und abkühlen lassen. Nochmals abschmecken. Eine Nacht im Kühlschrank ziehen lassen.

Auberginen in Jogurt

Zutaten

4 Auberginen
1/4 l Olivenöl
2 EL Salz
3–4 Stängel frischer Dill
oder 1 EL getrocknete Dillspitzen
500 g Jogurt
1 Knoblauchzehe
Kräutersalz nach Geschmack
1 TL Oregano
Kurkuma
Paprikapulver

Zubereitung

Die Auberginen streifig schälen und in 2 cm breite Scheiben schneiden. Mit dem Öl und Salz mischen und die Scheiben schuppenartig in Reihen auf ein geöltes Backblech legen. Die Auberginen ca. 30 Minuten bei 185 °C backen, bis die Stücke weich und leicht gebräunt sind.
In der Zwischenzeit die Dillblätter vom Stiel streifen und zerkleinern. Den Jogurt zusammen mit der durchgepressten Knoblauchzehe, dem Dill, dem Kräutersalz und dem Oregano mischen.
Eine große Platte mit einem Teil der Jogurt-Mischung einstreichen. Die fertigen Auberginenscheiben noch warm vom Blech heben und auf der Platte schuppenartig anrichten. Die restliche Jogurt-Mischung darüber verteilen und glatt streichen.
Abwechselnd mit Kurkuma und Paprika bestreuen. Gut abkühlen lassen. Am besten zwei Nächte kalt stellen.

Austernpilze auf Rucola

Zutaten

500 g Austernpilze
1–2 TL Kräutersalz
3–4 EL Balsamico-Essig
Olivenöl
2 Bund Rucola

Zubereitung

Die Austernpilze in einer großen Pfanne beidseitig braten, bis sie weich und leicht gebräunt sind. Die Pilze aus der Pfanne nehmen und auf Küchenpapier zum Abtropfen ausbreiten. Mit Kräutersalz bestreuen.
Den Balsamico-Essig und einige Esslöffel Olivenöl in die warme Pfanne geben und die Röststoffe am Boden einrühren. Die Rucola putzen und trockenschleudern, einmal durchschneiden und auf einer großen Platte anrichten. Die gebratenen Austernpilze kreisförmig darüber arrangieren. Die Ölmischung aus der Pfanne über Pilze und Rucola gleichmäßig verteilen, abkühlen lassen und eine Nacht in den Kühlschrank stellen.

Brokkoli mit Antipasti

Zutaten

200 g gemischte grüne und schwarze Oliven
1 EL Kapern in Essig
1 Möhre
1 rote Paprika
1 rote Zwiebel
1 Knoblauchzehe
1 TL Oregano
1 Prise Thymian
1 Prise Cayennepfeffer oder getrocknete Chilischote
1 TL Kräutersalz
5-6 Stängel Blattpetersilie
1/4 l Olivenöl
6-8 EL Balsamico-Essig
1 kg Brokkoli
2-3 EL eingelegte Perlzwiebeln

Zubereitung

Die Oliven zusammen mit den Kapern abtropfen lassen. Die Möhren auf einer Lochreibe grob raspeln. Die Paprika fein würfeln. Die Zwiebel schälen und fein würfeln. Die Knoblauchzehe in feine Scheiben schneiden. Die Petersilie entstielen, die Blätter fein hacken. Das Ganze mit Oregano, Thymian, Cayennepfeffer (oder Chili) und Kräutersalz gut verrühren und mit Olivenöl und Balsamico-Essig bedecken. Gut zugedeckt zwei bis drei Tage im Kühlschrank durchziehen lassen.

Einen Tag vor der Party den Brokkoli von den Stielen befreien. Die Röschen in walnussgroße Stücke schneiden, 5 Minuten in kochendem Wasser garen, abgießen, mit kaltem Wasser abschrecken und gut abtropfen lassen. Mit dem eingelegten Gemüse und den Perlzwiebeln mischen und eine Nacht in den Kühlschrank stellen. Vor dem Essen nochmals abschmecken und gegebenenfalls etwas Kräutersalz hinzufügen.

Zucchini mit Pestosahne

Zutaten

1 kg Zucchini
1/8 l Olivenöl zum Backen
Salz
1 Knoblauchzehe
250 ml süße Sahne
2 EL Pesto aus dem Glas
Saft von einer halben Zitrone
3-4 Stiele frisches Basilikum

Zubereitung

Die Zucchini ungeschält in dünne Querscheiben schneiden. Die Scheiben mit dem Öl, dem Salz und dem ausgepressten Knoblauch mischen, auf ein Backblech legen, 20 Minuten bei 185 °C im Ofen backen, bis einige Scheiben braun geworden sind.

Inzwischen die Sahne mit der Pesto und dem Zitronensaft mischen und abschmecken (einige Fertigpesto sind sehr salzig!). Basilikumblätter von den Stielen abzupfen, die großen Blätter in kleine Stücke schneiden. Die Zucchini aus dem Ofen nehmen und sofort mit dem Gemisch aus Pesto und Sahne begießen.

Das Ganze abkühlen lassen. Dann vorsichtig die Scheiben auf einer Servierplatte anrichten. Mit Basilikumblättern bestreuen und über Nacht kalt stellen.

Zucchini mit Pestosahne (hinten), Fenchel mit Orangensaft und Paranüssen (vorne)

Fenchel mit Orangensaft und Paranüssen

Zutaten

1 kg Fenchelknollen
Olivenöl
Kräutersalz
Saft von 1/2 Zitrone
1/4 l Orangensaft, frisch gepresst
100 ml süße Sahne
50 g Paranüsse oder Haselnüsse

Zubereitung

Die Stiele von den Fenchelknollen abtrennen, die dunklen Stellen am Wurzelende wegschneiden, grobe oder beschädigte Blätter entfernen. Die unbeschädigten grünen Blättchen beiseite stellen. Die Knolle von oben nach unten in senkrechte, etwa 1 cm dicke Scheiben schneiden. Diese schuppenartig auf ein Backblech legen, mit Olivenöl begießen und mit Kräutersalz bestreuen. Das Ganze 30 Minuten im Ofen bei 185 °C backen, bis die Fenchelscheiben leicht gebräunt und weich sind.

Die gebackenen Fenchelscheiben auf einem Servierteller schuppenartig anrichten. Zitronen- und Orangensaft zusammen mit der Sahne mischen, leicht salzen und über den Fenchel gießen.

Paranüsse hacken oder hobeln und in ein paar TL Olivenöl in der Bratpfanne vorsichtig rösten, bis sie leicht gebräunt sind. Die Nüsse über den Fenchel streuen.

Eine Nacht (noch besser zwei Nächte) im Kühlschrank durchziehen lassen. Vor dem Servieren die grünen Blättchen hacken und über den Fenchel verteilen.

Tipp

Die Fenchelstiele und die groben Blattteile kann man für Gemüsefrikadellen, Frutti-di-Mare-Salat, Scampisalat oder für eine Spagettisauce aufheben.

Rettich in Sardellensauce

Zutaten

2 große weiße oder rote Rettiche
Salz
6–8 Sardellenfilets in Öl
250 ml saure Sahne
1 Bund Schnittlauch

Zubereitung

Die Rettiche säubern, in dünne Querstreifen schneiden, mit Salz bestreuen und in einem Sieb 1 Stunde auswässern lassen. Unter kaltem Wasser spülen, in ein Küchentuch legen und leicht auswringen.

Die Sardellenfilets mit einer Gabel zerdrücken, zusammen mit der Sahne vermengen und zu den Rettichen geben. Den Schnittlauch fein zerschneiden und alles gründlich vermischen. Eine Nacht kalt stellen.

Champignons »Parmigiano«

mit Walnussdressing

Zutaten

500 g kleine, geschlossene weiße oder braune Champignons
1/4 l Olivenöl
4–5 EL Weißwein-Essig
50 g Walnusskerne
Saft von 1/2 Zitrone
2–3 Zweige frischer Estragon
oder 1 TL getrockneter Estragon
oder frische Blattpetersilie
Salz
100 g frischer Parmesan am Stück

Zubereitung

Die Champignons mit einem feuchten Tuch leicht abwischen. (Wenn sie gewaschen werden, werden sie leicht schleimig.)

2 EL Olivenöl in eine kleine Bratpfanne geben, das restliche Öl zusammen mit dem Essig zu den Champignons geben und gut mischen.
Die Walnusskerne grob hacken und in der Pfanne 2–3 Minuten unter häufigem Rühren rösten, bis sie leicht gebräunt sind. Die Walnusskerne zu den Champignons geben. Zitronensaft und fein gehackte Estragonblätter (oder Petersilienblätter) dazugeben und alles gut verrühren.
Das Ganze auf eine Platte geben, zudecken und über Nacht ziehen lassen.
Kurz vor dem Essen nochmals mit Salz abschmecken, den Parmesan mit einem Sparschäler in feinen Spänen abhobeln und über die Champignons streuen.

Zucchini-Carpaccio

mit marinierter Zitrone und Pinienkernen

Zutaten

1 eingelegte Zitrone (s. Rezept S. 97)
500 g Zucchini
1/4 l Olivenöl
Salz

3-4 Zweige frische Minze, Zitronenmelisse oder Blattpetersilie
100 g Pinienkerne
2 TL Olivenöl

Zubereitung

Fruchtfleisch und Schale der Zitrone trennen, Schale in kleine Würfel schneiden.
Die rohen und ungeschälten Zucchini waschen und in dünne Querscheiben schneiden.
Die Zucchinischeiben gut mit dem Olivenöl und dem Fruchtfleisch der Zitrone vermischen, mindestens 1/2 Stunde durchziehen lassen, mit Salz abschmecken.

Die Zucchinischeiben schuppenartig auf einer Platte anrichten. Die Minze-, Zitronenmelisse- oder Blattpetersilienblätter von den Stielen zupfen, waschen und beiseite stellen.
Die Pinienkerne kurz im Olivenöl anbraten, bis sie leicht gebräunt sind. Die Zitronenschale, die Kräuterblätter und die Pinienkerne über die Zucchinischeiben streuen und eine Nacht kalt stellen.

Die Italiener haben wahrscheinlich so viele verschiedene Zucchini-Antipasti, wie es Köche gibt. Diese Vorspeise ist zur Abwechslung eine ganz frische Variation aus Marokko, die am allerbesten mit eingelegten Zitronen schmeckt. Man kann sie aber auch mit frischem Zitronensaft zubereiten und das fertige Carpaccio mit der abgeriebenen Zitronenschale bestreuen.

Zucchini-Carpaccio (hinten), Rettich in Sardellensauce (vorne)

In Palermo wird Caponata überall angeboten: als Vorspeise auf Crostini, als Brotaufstrich oder als Beilage zu Fleisch oder Fisch. Je nach Rezept wird alles zusammen in Öl geschmort, im Ofen gebacken oder teils geschmort und teils gekocht.

Caponata Siciliana in Radicchio

Zutaten

2 Auberginen
Salz
Olivenöl
2 dicke Möhren
1 große Gemüsezwiebel (ca. 200–300 g)
5–6 Stiele Staudensellerie
1/4 l Wasser
4–5 EL Tomatenmark
100–200 g kleine grüne Oliven
100–200 g schwarze Oliven (jeweils gefüllt oder mit Stein)
50–100 g Kapern in Essig oder Salz
1/8 l Balsamico-Essig
1 Bund Blattpetersilie
Radicchioblätter

Zubereitung

Die ungeschälten Auberginen in ca. 3 cm große Würfel schneiden und in ein Sieb geben. Sie großzügig mit Salz bestreuen und gut durchmischen, ca. 30 Minuten ziehen lassen. Dann die Auberginenwürfel abspülen und in einem Tuch leicht auswringen.

Das Olivenöl in eine Pfanne geben und die Auberginen bei öfterem Rühren 15 Minuten darin schmoren, bis sie weich sind. Die Auberginen aus der Pfanne nehmen und zum Abkühlen beiseite stellen.

Die Möhren schälen und in feine Querscheiben schneiden. Die Zwiebel in grobe Würfel schneiden. Sellerie in 1 cm große Querscheiben schneiden. Wieder Öl in die Pfanne geben und die Zwiebel und Möhren ca. 10 Minuten braten.

Den Sellerie in einem Topf mit 1/4 l Wasser 3–4 Minuten kochen, bis er gar, aber noch bissfest ist. Den Sellerie mit dem Kochwasser und dem Tomatenmark in die Pfanne zu den Möhren und Zwiebeln geben. Oliven, Kapern und die Auberginenwürfel dazugeben und so lange kochen, bis die Sauce fast verschwunden ist (ca. 5–10 Minuten). Dann den Balsamico-Essig einrühren. Petersilienblätter von den Stielen abzupfen, hacken und unterrühren. Die Auberginen-Mischung in eine Schüssel geben. Die Caponata muss mindestens zwei Tage ziehen, hält im Kühlschrank aber eine ganze Woche und schmeckt dabei immer besser.

Zum Servieren Radicchioblätter einzeln abtrennen, mit Caponata füllen und auf eine Platte setzen.

Tipp

Caponata ist nicht sehr hübsch anzusehen, deswegen sollte sie vor dem Servieren mit bunten Salat- oder Radicchioblättern verziert werden.

Marinierte Auberginen

Zutaten

1–2 Auberginen
Salz
Olivenöl
1 Bund Basilikum
3 Frühlingszwiebeln
3 Knoblauchzehen
1/8–1/4 l Rotwein-Essig

Zubereitung

Stiel und Spitze der ungeschälten Auberginen abschneiden, sie der Länge nach in 1 cm dicke Scheiben schneiden. Beidseitig mit Salz bestreuen und 1/2 Stunde ziehen lassen. Abspülen und mit Küchenkrepp abwischen.

Die Scheiben nebeneinander in der Bratpfanne bei mittlerer Hitze in Olivenöl bräunen, bis sie weich sind.

Sie können die Auberginenscheiben aber auch schuppenartig auf ein geöltes Backblech legen, mit Öl beträufeln und im Ofen 25 Minuten bei 180 °C backen.

Basilikumblätter, Frühlingszwiebeln (mit dem Grün) und den geschälten Knoblauch fein hacken. Eine Schicht der gebratenen (oder gebackenen) Auberginen in eine Schale legen, mit dem Basilikum-Zwiebel-Knoblauch-Gemisch belegen, mit etwas Rotwein-Essig beträufeln. Jeweils eine weitere Schicht Auberginen und der Mischung darüber legen. Gut zudecken und mindestens 2 Nächte kalt stellen.

Marinierte Zwiebeln »Syrakuser Art«

Die marinierten Zwiebeln gehören zu meinen Lieblingsgerichten. Sie sind einfach zuzubereiten und schmecken köstlich. Einmal hat ein Gast bemerkt: »Wie kann man nur so viel Geschmack in eine Zwiebel geben? Dieses Gericht muss der Grund dafür sein, dass es überhaupt Zwiebeln gibt!«

Zutaten

8–10 große Gemüsezwiebeln
1/8 l Olivenöl
2 EL Fenchelkörner
Kräutersalz
Balsamico-Essig
1 getrocknete Chilischote

Zubereitung

Die Zwiebeln ungeschält in 1 cm dicke Querscheiben schneiden. (Das Wurzelende und die Spitze vorher entfernen.) Die Scheiben nebeneinander auf ein mit Olivenöl geöltes Backblech legen und mit Öl, Fenchelkörnern und etwas Kräutersalz bestreuen. Das Ganze 1/2 Stunde bei 185 °C im Ofen backen, bis die Zwiebeln gebräunt und weich sind. Es kann gut sein, dass ein Blech bei der Zwiebelmenge nicht ausreicht!

Das Blech aus dem Ofen nehmen und die Schale und alle hart gewordenen Teile von der Zwiebel entfernen. Die Zwiebelscheiben vorsichtig mit einem Eierwender abnehmen und schuppenartig auf einem Servierteller anrichten. Die Zwiebelscheiben mit Balsamico-Essig beträufeln.

Je nach Geschmack eine zuvor geschrotete Chilischote gleichmäßig darüber verteilen.

Das Ganze kann 1–2 Nächte lang im Kühlschrank ziehen. Nicht zu kalt servieren.

Die milde Currypaste gibt es in Asienläden. Am besten geeignet ist die Marke »Patak«.

Blumenkohl in Currymajonäse

Zutaten

2 Blumenkohlköpfe
Salz
200 g Cashewkerne
3 EL Olivenöl
200 g Majonäse
1 EL Senf
2–4 EL milde Currypaste
250 ml süße Sahne
2–3 Zweige Petersilie
Kapern oder grüne Oliven
Currypulver
Paprikapulver

Zubereitung

Den Blumenkohl in bissgroße Röschen teilen und in kochendem Salzwasser knackig-bissfest garen (nicht weich kochen!), abgießen und mit kaltem Wasser abschrecken.
In der Zwischenzeit Cashewkerne in einer Bratpfanne mit Olivenöl unter ständigem Umrühren langsam bräunen, abkühlen lassen. Majonäse, Senf, Currypaste und Sahne zu einer dickflüssigen Sauce mischen.
Petersilienblätter von den Stielen abzupfen, grob hacken. Den gekochten Blumenkohl mit der Sauce mischen und das Ganze gut abkühlen lassen.
Das Gemisch auf einer Platte anrichten, mit den Cashewkernen und der Petersilie bestreuen, Kapern oder Oliven nach Wunsch dazugeben, mit etwas Currypulver und Paprika bunt bestreuen.
Zwei Nächte im Kühlschrank durchziehen lassen.
Der Blumenkohl in Currymajonäse hält im Kühlschrank 3–4 Tage.

Es gibt inzwischen nicht nur rote, gelbe und grüne Paprika auf dem Markt, sondern auch orangefarbene und blauschwarze Sorten. Für dieses Rezept sind die roten, gelben und orangenen Paprika am besten geeignet; die grünen Sorten sind nicht süß genug. Dieses Rezept ist gut im Voraus zuzubereiten, weil das Gericht mehrere Wochen hält, wenn es mit Olivenöl bedeckt ist.

Marinierte geröstete bunte Paprika

Zutaten

6 bunte Paprikaschoten (rot, gelb und orange)
150 ml Olivenöl
8 Knoblauchzehen
1 TL Oregano
50 ml Rotwein-Essig
Salz
schwarzer Pfeffer

Zubereitung

Die Paprikaschoten leicht einölen und auf ein Backblech legen. Die ganzen Schoten ca. 30 Minuten bei 185 °C backen, bis die Haut braun ist und Blasen wirft. Mit einem Küchentuch zudecken und abkühlen lassen.
Die Haut mit einem scharfen Messer abziehen, die Schoten entkernen und in 3–4 cm breite Streifen schneiden. Die Streifen zusammen mit dem Öl, den zuvor fein gehackten Knoblauchzehen und dem Oregano mischen. Das Ganze zudecken und mindestens eine Nacht kalt stellen, noch besser eine ganze Woche im Kühlschrank ziehen lassen.
Vor dem Servieren mit Essig, Salz und Pfeffer abschmecken.

Kleine Bällchen

Es gibt viele verschiedene Zutaten für kleine Bällchen oder Kroketten, Bratlinge oder Buletten.
Die folgenden Rezepte sind fast alle für Bratlinge aus der Pfanne, meistens in Olivenöl ausgebacken. Wer möchte, kann die Bällchen auch frittieren. Ich selbst mag das Frittierte wegen des Fettes nicht so gern. Wenn Sie und Ihre Gäste fettarme Speisen bevorzugen, können Sie die Bällchen auf einem geölten Backblech im Ofen garen, obwohl sie dann nicht ganz so knusprig werden.
Die Bällchen sehen rein äußerlich betrachtet fast alle gleich aus, daher sollten Sie bei einem Büfett nur ein oder zwei Sorten anbieten. Achten Sie bei der Zubereitung darauf, dass die verschiedenen Sorten in unterschiedlichen Formen zubereitet werden, mal flach, mal rund. Schön ist es, wenn Sie eine passende Sauce oder einen Dip dazu servieren.

Indische Linsenbällchen

Zutaten

1 große Gemüsezwiebel oder
2–3 kleinere Zwiebeln (ca. 300 g)
Olivenöl
2 Knoblauchzehen
1 EL Kurkuma
1 TL Kuminkörner
1 TL Korianderkörner
1/2 TL Cayennepfeffer
200 g Linsen
1 l Wasser
1 Ei
75 g Parmesan
2 EL Mehl
3 Zweige Blattpetersilie
3 Zweige Dill
500 ml Jogurt
1 TL Salz

Zubereitung

Die Zwiebel schälen und fein hacken, das Olivenöl in einem großen Topf erhitzen, die Zwiebel darin ca. 5 Minuten braten. Die Knoblauchzehen durch eine Presse drücken und zu den Zwiebeln in den Topf geben. Kurkuma, Kumin- und Korianderkörner und Cayennepfeffer hinzufügen und gut einrühren.
Das Ganze 2 Minuten weiterbraten lassen. Die Linsen und das Wasser dazugeben, zum Kochen bringen und noch ca. 45 Minuten köcheln lassen, bis die Flüssigkeit verdampft ist.
Alles abkühlen lassen. Ei, geriebenen Parmesan und Mehl unterrühren und eine Nacht kalt stellen.
Den kalten Teig zu ca. 15–20 kleinen Bällchen formen und auf Backpapier setzen. Mit der Hand die Bällchen flach drücken und nochmals 1 Stunde kalt stellen, bis sie fest sind.
In einer großen Bratpfanne etwas Olivenöl erhitzen, die Bällchen darin beidseitig goldbraun ausbacken. Auf Küchenkrepp abtropfen lassen.
Die Blätter von den Petersilienstielen und Dillzweigen zupfen und fein hacken. Sie zusammen mit dem Salz in den Jogurt rühren.
Den Jogurt als Beilage zu den Bällchen servieren.

Tipp

Für dieses Rezept eignet sich am besten die indische Linsensorte »pigeon peas«, die in Asienläden erhältlich ist. Sie können natürlich auch jede andere Linsensorte verwenden (aber evtl. kann Einweichen notwendig sein)!

Wenn Sie lieber orientalische Bällchen zubereiten möchten, können Sie es mit Kichererbsenbällchen (»Felafel«) versuchen. Linsen und Wasser tauschen Sie gegen gekochte Kichererbsen aus der Dose aus, und den Käse lassen Sie ganz weg. Die Kichererbsen gut abtropfen lassen, durch einen Fleischwolf drehen und mit den restlichen Zutaten mischen, daraus Bällchen formen, panieren und ausbacken. Die Jogurtsauce schmeckt dazu genauso gut!

Karibische Kartoffel-Scampi-Bällchen

Zutaten

1 kg mehlige Kartoffeln
3 Frühlingszwiebeln
1 Bund Koriander
3-4 Zweige Blattpetersilie
3 EL frische, geriebene Ingwerwurzel
150 g geriebener Gouda
Salz
Pfeffer
Cayennepfeffer
3 Eier
750 g Scampi ohne Schale, gekocht und grob gehackt
Maisgrieß
Öl

Zubereitung

Die Kartoffeln kochen. Nach dem Abkühlen die Schale abpellen und dann die Kartoffeln durch eine Presse drücken.

Die Frühlingszwiebeln (auch das Grün verwenden), Koriander und Blattpetersilie fein hacken und zu den Kartoffeln geben. Die Ingwerwurzel und den Gouda unterrühren.

Mit Salz, Pfeffer und Cayennepfeffer abschmecken. Die Eier trennen, das Eiweiß und die Scampi ebenfalls unterrühren. Eigelb aufbewahren.

Aus dem Teig jeweils 2 EL abnehmen und daraus Bällchen formen. Das Eigelb mit 2 EL Wasser kräftig schlagen; die Bällchen zuerst in Eigelb und dann in Maisgrieß geben und danach 1-2 Stunden kalt stellen, damit sie fest werden.

Je nach Geschmack die Bällchen in der Bratpfanne ringsum in Olivenöl bräunen oder in der Fritteuse 4 Minuten ausbacken. Auf Küchenkrepp abtropfen lassen, einige Stunden oder eine Nacht kalt stellen.

Steinpilzbällchen

Zutaten

Für die Bällchen:
300 g Schalotten, Frühlingszwiebeln oder Zwiebeln
50 g getrocknete Steinpilze
8 Scheiben Toastbrot oder Weißbrot
1/4 l Sahne
Olivenöl
1 Knoblauchzehe
500 g TK-Steinpilze
1 TL Majoran
1 TL Oregano
Salz
schwarzer Pfeffer
Butterschmalz

Für die Sauce:
2–3 große Fleischtomaten
1 kleine rote Zwiebel
Zitronensaft
Salz
2 EL Öl

Zubereitung

Die Schalotten oder Zwiebeln abschälen und fein hacken, die getrockneten Steinpilze in 1/4 l lauwarmem Wasser einweichen. Das Toastbrot entrinden und in 2 cm große Würfel schneiden, mit der Sahne beträufeln und gut mischen.

Das Olivenöl in einer großen Pfanne erhitzen, die Schalotten hineingeben und 5 Minuten unter häufigem Rühren braten, bis sie weich und leicht gebräunt sind. Die Knoblauchzehe abschälen, durch eine Presse drücken und ebenfalls in die Pfanne geben. Die noch gefrorenen Steinpilze dazugeben und so lange braten, bis sie ganz weich geworden sind und die meiste Flüssigkeit verdampft ist. Das Ganze abkühlen lassen, auf ein Schneidebrett geben und grob hacken.

Die Trockenpilze in dem Einweichwasser erhitzen und 5 Minuten köcheln. Die Flüssigkeit durch ein Tuch in eine Schüssel gießen, die Pilze in einem Sieb unter fließendem Wasser kurz abspülen, um jeglichen Sand zu entfernen. Wieder in das Einweichwasser geben und einkochen, bis die Flüssigkeit fast vollständig verdampft ist.

TK-Pilze, Trockenpilze und Brot mischen, Majoran, Oregano, Salz und schwarzen Pfeffer aus der Mühle dazugeben, gut durchrühren und 30 Minuten ruhen lassen.

Den Teig nochmals gut durchkneten und einen Probekloß zubereiten: 1 EL Teig zu einer Kugel formen, in etwas Butterschmalz in der Pfanne anbraten, wenden und leicht platt drücken. Teig nochmals abschmecken. Wenn die Klößchen nicht zusammenhalten, mit einem Ei und etwas Paniermehl abbinden. Teig zu etwa 15–20 Klößchen formen und beidseitig ausbacken.

Für die Sauce 2–3 große Fleischtomaten fein hacken oder im Mixer pürieren. 1 kleine rote Zwiebel sehr fein hacken. Mit dem Saft von 1/2 Zitrone, etwas Salz und Öl vermischen. Die Sauce eine Nacht im Kühlschrank ziehen lassen.

Als ich in Italien lebte, habe ich diese Bällchen mit frischen, selbst gesuchten Steinpilzen gemacht. Aus wenigen kostbaren Pilzen konnte man viele Portionen herstellen. Als ich wieder in Deutschland war und kochte, habe ich die sonnigen Wälder, den fast dunkelblauen Herbsthimmel, den Duft der saftigen Waldböden und auch die schönen frischen Pilze vermisst.
In Deutschland sind diese Kostbarkeiten eher selten zu finden. Inzwischen werden sie aber in größerem Umfang nach Deutschland eingeführt, sodass Sie in der Pilzsaison keine Schwierigkeiten haben dürften, frische Steinpilze zu bekommen. Wenn Sie eine gute Quelle für tiefgefrorene Steinpilze haben, können Sie diese leckeren Bällchen das ganze Jahr über herstellen ohne das mühsame, aber wunderbare Suchen im Walde!

Je nachdem, welche Gewürze Sie in den Teig geben, sind diese Kroketten auch italienisch, indisch oder holländisch. Zucchinikroketten schmecken warm sehr gut, aber genauso gut, wenn sie bei Zimmertemperatur serviert werden. Sie sollten allerdings nicht länger als einen Tag im Voraus gebacken werden, sonst werden sie matschig und ölig. Aber der Teig (ohne Salz) darf schon früher angerührt werden. Salz soll wie beschrieben nur direkt vor dem Backen in den Teig gegeben werden.

Türkische Zucchinikroketten

Zutaten

1 kg Zucchini
2 Eier
100 g Feta
100 g Parmesan
ca. 200 g Mehl oder Paniermehl
(am besten Vollkorn)
3–4 EL gehackte Blattpetersilie
2 TL getrockneter
oder 3 EL frischer, gehackter Dill
1 TL Kuminkörner
2 TL Oregano
Pfeffer und Salz
1 Knoblauchzehe
Olivenöl

Zubereitung

Die Zucchini ungeschält auf einer Lochreibe grob hobeln. Eier, den zerbröselten Feta, den geriebenen Parmesan, Mehl, Petersilie und Dill dazugeben. Mit Kuminkörnern, Oregano, Pfeffer, einer durchgepressten Knoblauchzehe würzen. Den Teig einige Zeit kalt stellen.

Kurz vor dem Braten zunächst nur 1/4 der Teigmenge in eine zweite Schüssel geben und mit 1/2 TL Salz mischen. Das Olivenöl in einer großen Pfanne erhitzen. Den gesalzenen Teig esslöffelweise in das heiße Öl geben und beidseitig ausbacken. Auf Küchenkrepp abtropfen lassen. Den restlichen Teig nur nach und nach auf diese Art mit dem Salz mischen, sonst zieht er Wasser und muss mit viel Mehl abgebunden werden, und die Kroketten werden schwer.

Tipp

Servieren Sie zu den Kroketten am besten Tzatziki oder einfachen Jogurt.

Polpetti

(Italienische Fleischbällchen)

Zutaten

Für die Bällchen:
250 g frisches Brot
1/4 l Milch
500 g Hackfleisch vom Rind
500 g Hackfleisch vom Kalb
100 g Parmesan
2 Eier
Salz und schwarzer Pfeffer
1/2 TL getrockneter Thymian
8 große frische Salbeiblätter
2 Knoblauchzehen
6–8 EL Tamari-Sojasauce
Olivenöl

Für die Sauce:
1/4 l trockener Weißwein
2 EL Kapern
4–5 frische Salbeiblätter
2 Sardellenfilets in Öl
1/8 l Olivenöl
2 EL scharfer Senf
Tabasco
Salz
Pfeffer

Zubereitung

Das frische Brot entrinden, zusammen mit der Milch mischen und 5 Minuten ziehen lassen. Das Brot ausdrücken und zerkleinern.
Das Hackfleisch mit dem frisch geriebenen Parmesan, den Eiern, Salz, Pfeffer, Thymian, den fein gehackten Salbeiblättern und den geschälten und durchgepressten Knoblauchzehen vermischen.
Ein Probebällchen aus dem Teig formen, in die Handfläche einige Tropfen Sojasauce geben und das Bällchen damit einreiben. In Olivenöl ringsum anbraten und abkühlen lassen: Das Bällchen probieren, den restlichen Teig entsprechend abschmecken. 1–2 TL Teig jeweils zu einem Bällchen formen, mit der Sojasauce beträufeln und nach und nach ringsum in Olivenöl braten.
Die fertigen Bällchen aus der Pfanne nehmen. Wein in die Pfanne gießen und ca. 1–2 Minuten einkochen. Kapern, den zerkleinerten Salbei und die zermusten Sardellenfilets einrühren und gut mischen.
Alles in eine kleine Schale geben.
Die Mischung zusammen mit 1/8 l Olivenöl, Senf, Tabasco, Salz und Pfeffer zu einer Marinade verrühren. Die Marinade zu den Polpetti servieren.

Kleine Party-Frikadellen

Die gute deutsche Frikadelle lässt sich auch in »Partyformat« bringen, wenn sie nur etwas kleiner zubereitet wird als allgemein üblich. Die Zutaten ähneln denen der schwedischen Köttbullar, nur bei den Gewürzen sollten Sie statt Piment, Muskat und Dill auf Kümmel und Majoran zurückgreifen. Durch den geriebenen Käse werden die Frikadellchen saftig und etwas fester.
Als Sauce reichen Sie am besten eine Mischung aus folgenden Zutaten: 100 g Majonäse, 100 ml Ketschup, 100 ml Jogurt und 4 EL gehackte, saure Gurken.

Köttbullar

(Schwedische Fleischbällchen}

Zubereitung

Für diese Bällchen ersetzen Sie in dem obigen Rezept das Kalbfleisch durch Schweinehack, den Parmesan durch Butterkäse und die Gewürze durch folgende: 1 TL gemahlenen Piment, 1/2 TL Muskat und 3 EL fein gehackten frischen Dill oder 1 EL getrockneten Dill. Statt der Sauce servieren Sie einen pikanten Gurkensalat mit viel Dill, Petersilie, gehackten roten Zwiebeln, Senf, ein bisschen Zucker und Apfel-Essig.

Mais-»Fritters«

Die wunderbaren »Fritters« sind in den USA vor allem als Beilage zum Schweinebraten sehr beliebt. Als Frühstück mit Maple Syrup, als leichtes Mittagessen mit einem Salat oder in Kleinformat als Cocktail-Snack sind sie ebenfalls gern gesehen. In Italien habe ich sie als Polpetti di Polenta kennen gelernt, eine kleine, warme Vorspeise mit Tomatensalat. Und auf dem Teller in der indonesischen Küche gibt es sie auch. Dort werden sie etwas anders gewürzt und mit Sambal serviert, aber sie schmecken genauso fantastisch. Am allerbesten schmecken sie warm aus der Pfanne, sie können aber auch eine Nacht im Kühlschrank aufbewahrt werden.

Indonesische »Fritters«

Zutaten

6 frische Maiskolben
oder 450 g Maiskörner aus dem Glas
2 Eier
1 Knoblauchzehe
1 kleine Zwiebel
1 TL Kräutersalz
1 TL Korianderkörner, frisch gemahlen
schwarzer Pfeffer, frisch gemahlen
150–200 g Weizenvollkornmehl
oder Maisgrieß
Olivenöl

Zubereitung

Mit einem scharfen Messer die Maiskörner reihenweise in der Mitte einschneiden und mit dem Messerrücken aus den Häuten kratzen oder auf einer groben Lochreibe die Körner von den Kolben schaben bzw. den Mais aus dem Glas abtropfen lassen.
Die Körner im Mixer anpürieren, sodass sie noch stückig sind. Diese Masse mit den Eiern, dem durch eine Presse gedrückten Knoblauch, der geschälten und zerhackten Zwiebel, dem Kräutersalz, dem gemahlenen Koriander und dem schwarzen Pfeffer mischen.
Die Mischung zusammen mit Mehl zu einem sämigen Teig verrühren und esslöffelweise in Olivenöl als kleine Plinsen ausbacken.

Tipp

Servieren Sie dazu ein süßes Mango-Chutney aus dem Glas, das mit etwas Jogurt verdünnt wurde.

Italienische Maisplinsen

Die italienischen Maisplinsen werden genau wie die indonesischen Fritters zubereitet. Mit einer Ausnahme: Die Italiener würzen »ihre« Fritters anders: Sie verwenden statt des Korianders frischen, fein gehackten Rosmarin.

Die amerikanische Version

Die amerikanische Version der Fritters wird ohne Zwiebeln, Knoblauch und Kräuter zubereitet.
Stattdessen nimmt man Salz, Pfeffer, 1 TL Honig und 2 Eier. Die Eier trennen, das Eigelb mit dem Mais mischen. Das Eiweiß steif schlagen und unter den Teig heben.

Kleinigkeiten in Teig gewickelt

Kleine Teigtaschen sind auf einem Büfett immer ein Renner. Ich als Köchin dagegen kann sie nicht besonders leiden, weil sie viel Arbeit machen und sich im Allgemeinen nicht gut über Nacht aufbewahren lassen. Oft wird der Teig hart oder pappig und die ganze Mühe war umsonst.

So habe ich hier nur die Rezepte für Teigtaschen aufgeführt, die man wirklich im Voraus zubereiten kann. Bei ihnen ist der Teig robust genug, um eine Nacht zu überleben. Bei einigen muss das Aufbacken jedoch am Tag der Feier stattfinden.

Blätterteig mit Chorizo

Zutaten

250 g Chorizo-Würstchen
oder eine andere pikante Wurst,
z. B. Nürnberger Bratwürstchen
1 kleine Zwiebel
1 Knoblauchzehe
Öl
3–4 Stängel Petersilie
2–3 EL Doppelrahm-Frischkäse
1 TL Kumin
eine Prise Piment
Salz
Pfeffer
500 g TK-Blätterteig (etwa 6 Platten)
Mehl
1 Eigelb oder Kaffeesahne

Zubereitung

Die Pelle der Würstchen abziehen und die Wurst in kleine Stücke schneiden.
Zwiebel und Knoblauch schälen, fein hacken und in 2–3 TL Öl braten. Das Wurstfleisch dazugeben. Die Petersilienblätter fein hacken, zusammen mit dem Frischkäse, Kumin, Piment, Salz und Pfeffer in die warme Pfanne geben und gut mischen.
Die Blätterteig-Platten auf einer bemehlten Arbeitsplatte mit einem Nudelholz vorsichtig zu Vierecken ausrollen (20 cm x 20 cm). Die Vierecke vierteln, um jeweils 5 cm x 5 cm große Stücke zu bekommen.
Etwa 1 TL Chorizo-Mischung in die Mitte des Vierecks geben, den oberen Rand des Teiges mit etwas Eigelb bestreichen und das Ganze zu einem fingerdicken Würstchen zusammenrollen, dabei den Teigrand leicht andrücken.

Einige Stunden vor dem Essen die Röllchen mit Eigelb oder Kaffeesahne bepinseln und 25 Minuten im Ofen bei 180 °C backen. Die Teigröllchen abkühlen lassen, auf Tabletts legen und bei Zimmertemperatur bis zum Büfett stehen lassen.

Blätterteig mit Ziegenkäse und sonnengetrockneten Tomaten

Die Zubereitung erfolgt wie bei den Blätterteigtaschen mit Chorizo. Die Chorizo-Würstchen werden ersetzt durch:
100 g fein gehackte, getrocknete Tomaten in Öl, 50 g gehackte, schwarze, kernlose Oliven und 100 g zerbröselten Ziegenweichkäse.

Blätterteig mit Krabben und Käse

Auch hier wird der Blätterteig zubereitet wie bei dem Blätterteig mit Chorizo. Die Füllung besteht aus: 100 g gekochten Nordseekrabben, 100 g Doppelrahm-Frischkäse, 4 EL fein gehacktem, frischem Dill und einer sehr kleinen, fein gehackten roten Zwiebel.

Teigtaschen aus Yufka-Teig

Wenn Sie das Glück haben, einen türkischen Lebensmittelladen in Ihrer Nähe zu haben, sollten Sie dort nach Yufka-Teig fragen. Das sind ganz dünne, dreieckige Teigplatten, meist sind 24 Stück zusammen in einer Plastikhülle verpackt. Der Teig ist im Kühlschrank recht lange haltbar und sehr praktisch für alle Arten von Teigtaschen und -rollen. In der türkischen Küche werden sie zumeist mit einer Hackfleisch- oder Fetakäse-Füllung belegt, wie Zigarren zusammengerollt und kurz frittiert. Wenn man sie mit Butter bepinselt, können sie auch im Ofen gebacken werden. Man kann sie nach Belieben füllen und formen. Sie haben den Vorteil, dass sie nach dem Backen über Nacht nicht hart werden und auch noch nach zwei Tagen lecker schmecken.

Teigtaschen aus Strudelteig

Strudelteig, bei den Griechen »Phyllo« oder »Filo« und bei den Türken »Boreki« genannt, ist ein wunderbares »Einwickelpapier« für kleine Häppchen am Büfett.

Wer liebt Apfelstrudel nicht? Wer hat nicht schon mal das leckere, knusprige Börek-Gebäck beim türkischen Bäcker probiert? Diesen delikaten Teig kann man bei fast allen türkischen Bäckern erstehen.

Der Teig ist meist in langen Rollen erhältlich. Mehrere hauchdünne Teigplatten liegen aufeinander. Wenn man sie ausgepackt hat, trocknen die Platten sehr schnell aus; deshalb müssen sie mit einem leicht angefeuchteten Küchentuch bedeckt werden.

Für 500 g Teigblätter zerlässt man in einem kleinen Topf ca. 200 g Butter. Ein Blatt wird aufgedeckt und auf die Arbeitsfläche oder das Backblech gelegt, mit etwas Butter eingestrichen und mit einem zweiten Blatt bedeckt. Dies wird wiederum mit Butter bestrichen. Das geht so weiter, bis man vier oder fünf Blätter aufeinander gelegt hat. Darauf verteilt man dann Fetakäse, gekochten, ausgepressten Spinat (oder Zucchini), geröstete Pinienkerne oder Haselnussblätter, Salz, Pfeffer und Gewürze nach Belieben. Diese Gemüse-Käse-Schicht belegt man wieder mit vier bis fünf gebutterten Teigplatten. Die Ränder der Platten rollt man und drückt sie leicht zusammen, das Ganze wird dann bei 180 °C etwa 20–25 Minuten im Ofen gebacken und nachher zu kleinen Vierecken geschnitten.

Man kann auch einzelne Teigblätter buttern und füllen, zusammenrollen oder zu kleinen Dreiecken falten und backen. Auch süße Füllungen mit Nüssen, Obst oder Trockenobst können so zu herrlichen Desserts verarbeitet werden. Es lohnt sich, beim türkischen Bäcker (oder auch im griechischen Laden) danach zu fragen.

Lauchtorte aus Strudelteig

Zutaten

250 g Strudelteig
4-5 Stangen Lauch
1 EL Salz
200 g Feta
5-6 Stängel Blattpetersilie
1/2 TL Thymian
Cayennepfeffer
50 ml Olivenöl
4 große Eier
1/4 l Jogurt

Zubereitung

Die Teigplatten wie zuvor beschrieben mit Butter bestreichen, fünf Blätter aufeinander in eine 24 cm breite Springform legen, den Rand hochstehen lassen.
Den Lauch in feine Scheiben schneiden, mit dem Salz mischen und 2-3 Minuten durchkneten, damit der Lauch weich wird. Den zerbröselten Feta, die klein gehackte Petersilie, Thymian, Cayennepfeffer, Olivenöl, Eier und Jogurt hinzufügen und gut vermischen. Auf den Teigboden verteilen, die Teigränder zur Mitte hin einklappen, sodass sie die Käse-Gemüse-Mischung bedecken.
Die Torte 30 Minuten lang bei 180 °C backen, bis der Teig leicht gebräunt und fest ist. Die Lauchtorte warm oder kalt servieren.

Teigtaschen und Bällchen

Empanadas, Blätterteigtaschen mit verschiedenen Füllungen und auch verschiedene Bällchen können am Vortag hergestellt werden. Teigtaschen leiden darunter, wenn sie im Kühlschrank stehen; sie dürfen auch nicht mit Folie zugedeckt werden. Sie halten besser, wenn man sie mit einem Tuch bedeckt.

Crostini

Crostini und Bruschetta heißen in Italien kleine, geröstete Brotscheiben, die als Vorspeise oder als Happen zu Wein genossen werden. Sie können in fast grenzenlosen Variationen hergestellt werden. Man nimmt ein krustiges italienisches oder französisches Weißbrot, schneidet es in größere oder kleinere Scheiben, röstet die Scheiben im Ofen oder über Holzkohle und bestreicht es – vor oder nach dem Rösten – mit Olivenöl (mit oder ohne Knoblauch). Crostinis schmecken wunderbar zur Suppe. Sie eignen sich aber auch hervorragend als Beilage zu Dips.

Rote-Paprika-Crêpes mit Parmaschinken

Zutaten

1 rote Paprika
2 TL Paprikapulver, süß oder scharf (je nach Geschmack)
125 g Mehl
1/8 l Milch
3 Eier
Salz
Pfeffer
100 g Butter
Olivenöl
20 dünne Scheiben Parmaschinken
50 g Parmesan

Zubereitung

Die Paprikaschote mit ein paar Tropfen Olivenöl einreiben, auf ein Backblech legen und 30 Minuten bei 180 °C backen, bis die Haut Blasen wirft und die Paprika braun wird. Mit einem Küchentuch zudecken und abkühlen lassen.

Die Haut mit einem kleinen, scharfen Messer abziehen, die Paprika entstielen und entkernen. Mit einer Gabel oder im Mixer zu Mus schlagen und zusammen mit Paprikapulver, Mehl, Milch und Eiern mischen. Salz, Pfeffer und geschmolzene Butter unterrühren und 10 Minuten quellen lassen. Im Kühlschrank hält sich der Teig eine Nacht.

Einige Stunden vor dem Essen einige Tropfen Öl in einer kleinen, beschichteten Pfanne erhitzen und jeweils 2 EL Teig dazugeben. Die Pfanne schnell hin und her schwenken, damit der Teig möglichst dünn auseinander fließt. Den Teig ausbacken, auf einen geölten Teller gleiten lassen, mit Hilfe des Tellers umgedreht wieder in die Pfanne geben und nochmals einige Sekunden backen lassen. Auf diese Art etwa 40 kleine Crêpes ausbacken, aufeinander stapeln und abkühlen lassen. Jeweils ein Crêpe nehmen und darauf eine halbe Scheibe Parmaschinken legen, mit 1/2 TL Parmesankäse bestreuen und zu einer kleinen Rolle drehen. Die Rollen mit Zahnstochern befestigen und auf eine Platte legen. Die Crêpes bei Zimmertemperatur stehen lassen.

Empanadas mit Frischkäse

Zutaten

500 g Doppelrahm-Frischkäse
125 g Butter
200 g Mehl
3 EL getrocknete Tomaten in Öl
1 Bund Petersilie
100 g Ziegengouda oder fester Ziegenkäse
1 Ei
Öl

Zubereitung

200 g Frischkäse mit der Butter und dem Mehl zu einem glatten Teig verrühren, in Folie einwickeln und mindestens eine Stunde in den Kühlschrank stellen.

Die Tomaten abtropfen lassen und fein zerhacken, die Petersilienblätter von den Stängeln zupfen und ebenfalls fein hacken. Tomaten und Petersilie zusammen mit dem restlichen Frisch-

käse und dem geriebenen Ziegengouda mischen und kalt stellen.
Den Teig 1/2 cm dick ausrollen. Kreise (ca. 10 cm im Durchmesser) ausstechen, in die Mitte jeweils 1 EL Füllung legen, den Rand mit Ei bepinseln und die Kreise zu Halbmonden zusammenklappen, dabei die Teigränder mit einer Gabel fest zusammendrücken. Die fertigen Taschen über Nacht in den Kühlschrank stellen. Am Tag des Festes die Empanadas in einer großen Pfanne mit etwas Öl beidseitig ausbacken, auf Küchenkrepp abtropfen lassen. Bis zum Servieren bei Zimmertemperatur stehen lassen.

Törtchen mit Ziegenkäse

Für diese Törtchen benötigt man eine Tortenform (Durchmesser: 24 cm) oder 24 kleine Formen.

Zutaten

150 g Butter
150 g Mehl
100 g Maisgrieß
1 TL Salz
1 Prise Zucker
3 EL Wasser
1 Bund Basilikum oder Petersilie
250 g weicher Ziegenfrischkäse
50 g saure Sahne oder Schmand
2 große Eier
Trockenerbsen oder -bohnen

Zubereitung

Die kalte Butter in Stücke schneiden, zusammen mit Mehl, Grieß, Salz und Zucker mit kalten Fingern zu einem etwas klumpigen Teig (wie grobe Haferflocken) mischen. Die Butter soll nicht vollständig eingearbeitet werden, sondern als kleine Stückchen im Teig bleiben. Den Teig mit etwas kaltem Wasser besprenkeln und rasch zu einer Kugel rollen. 10 Minuten im Kühlschrank ruhen lassen.
Inzwischen die Füllung zubereiten: Die Blätter von den Basilikumstängeln abzupfen, sehr fein hacken und mit dem Käse, der Sahne und den Eiern mischen, am besten im Mixer.
Den Teig auf den Boden einer Springform geben und mit den Händen flach

drücken, einen 2 cm hohen Rand formen. Mit Backpapier auslegen, mit Trockenerbsen oder -bohnen beschweren und 15 Minuten bei 200 °C vorbacken.
Alles herausnehmen, Erbsen oder Bohnen und Trennpapier entfernen. Die Basilikum-Käse-Mischung auf den Teig geben.
Das Ganze wieder in den Ofen schieben, die Temperatur auf 175 °C reduzieren und ca. 25 Minuten weiterbacken, bis die Füllung fest und leicht gebräunt ist. Abkühlen lassen; über Nacht bei Zimmertemperatur ruhen lassen. Kurz vor dem Servieren in kleine Stücke schneiden.

Tipp

Wenn sie kleine Tortenförmchen oder »Muffin«-Formen besitzen, können Sie auch kleine Törtchen backen; die Backzeit reduziert sich dann erheblich.

Diese leckere Pizzavariante lässt sich auch über Nacht aufbewahren. Nur nicht im Kühlschrank, sondern in einem kühlen Zimmer!

Pissaladiere

(Französische Zwiebel-Pizza)

Zutaten

1 Würfel Frischhefe
100 ml Wasser
Olivenöl
450 g Mehl
1 TL Salz oder Kräutersalz
1 1/2 kg Zwiebeln
Salz
schwarzer Pfeffer
1 TL Thymian
1 TL Majoran
1/2 TL Rosmarin
1/4 l trockener Rotwein
100 g schwarze Oliven
12 Sardellenfilets in Öl

Zubereitung

Die Hefe im warmen Wasser in einer großen Schüssel auflösen, 1/4 l Olivenöl einrühren, zusammen mit dem Mehl mischen, Salz hinzufügen. Falls nötig, 1–2 TL Wasser dazugeben. Den Teig auf eine bemehlte Arbeitsfläche legen und 5 Minuten kneten, bis er glänzend und elastisch ist. Den Teig zu einer Kugel formen, leicht einölen und in die Schüssel zurücklegen, mit einem Tuch abdecken und 1 Stunde bei Zimmertemperatur gehen lassen.
Inzwischen die Zwiebeln schälen und in feine Scheiben schneiden. Die Zwiebeln zusammen mit Salz, Pfeffer aus der Mühle, Thymian, Majoran und Rosmarin in einer großen Pfanne mit Olivenöl ca. 30 Minuten schmoren, ab und zu umrühren. Den Deckel entfernen und unter häufigem Wenden ca. 30 Minuten weiterschmoren, bis die Zwiebeln zu Mus geworden sind.
Nach und nach den Rotwein dazugießen, weiterschmoren lassen, bis die Flüssigkeit verdampft ist.
Den Teig auf einem Backblech ausrollen, nochmals zudecken und 10 Minuten ruhen lassen. Die Zwiebelmischung, die entsteinten Oliven und die Sardellenfilets auf dem Teig verteilen. Das Ganze 15–20 Minuten im Ofen bei 220 °C backen. Abkühlen lassen. In kleine Stückchen schneiden und über Nacht kühl (aber nicht in den Kühlschrank) stellen. Bei Zimmertemperatur servieren.

Tipp

Pissaladiere kann man auch als leichteres Gebäck anbieten, indem man den Hefeteig durch Blätterteig ersetzt: ca. 6 cm große Kreise ausstechen, mit dem Zwiebelmus belegen und im Ofen bei 185 °C ca. 15 Minuten backen.

Fischvorspeisen

Ich verwende bei Buffets nur relativ selten Fisch für die Zubereitung von kalten Vorspeisen. Das liegt vor allem daran, dass man Fisch, aber auch Schalentiere immer möglichst frisch verarbeiten und nicht lange aufbewahren soll. Die nachfolgenden Rezepte können Sie aber ohne Bedenken am Tag, bevor Ihre Gäste kommen, zubereiten. Vergessen Sie nur nicht, sie bis zum Servieren kalt zu lagern.

Escabeche

Zutaten

1-2 rote Chilischoten (je nachdem, wie scharf man es mag)
1 EL frische Ingwerwurzel
75 ml trockener Weißwein
75 ml Weißwein-Essig
75 ml Sherry-Essig
75 ml Orangensaft, frisch gepresst
75 ml Limetten- oder Zitronensaft, frisch gepresst
2 EL brauner Zucker
3 EL Olivenöl
Salz
2 Lorbeerblätter
10 schwarze Pfefferkörner
5-6 Pimentkörner
100 g grüne Oliven ohne Kern
3 rote und 3 gelbe Paprikaschoten
1 rote Zwiebel
1-2 kg Fischfilet (Seezunge, Rotbarsch, Schwertfisch, Tunfisch)
Mehl
Olivenöl
1 kleine Dose Maiskörner

Zubereitung

Für die Marinade die roten Chilis entkernen und fein zerkleinern, die Ingwerwurzel fein hacken. Chilis und Ingwerwurzel zusammen mit dem Weißwein, dem Weißwein-Essig, dem Sherry-Essig, dem Orangensaft und dem Limettensaft vermischen. Zucker, Olivenöl, Salz, Lorbeerblätter, schwarze Pfefferkörner und die Pimentkörner dazugeben. Alles in einen Topf geben und kurz erhitzen, bis der Zucker schmilzt. Topf vom Herd nehmen.

Die Marinade über die Oliven, die klein gehackten Paprikaschoten und die klein geschnittene Zwiebel gießen und ziehen lassen.

Das in Stücke geschnittene Fischfilet in Mehl wälzen und in Olivenöl backen, bis es goldbraun ist. Die Filetstücke nebeneinander in eine Auflaufform legen und mit der Marinade begießen; die Filetstücke sollten bedeckt sein. Alles mit Folie verschließen und bis zu 4 Tage im Kühlschrank ziehen lassen.

Vor dem Essen die Folie entfernen, die Marinade abschmecken. Mit den Maiskörnern bestreuen und kalt servieren.

Tipp

»Escabeche« wird zu »Sevice«, wenn man den Fisch nicht brät, sondern roh, in Würfeln, in die Marinade gibt, mehrere Tage ziehen lässt und (wie Hering) roh mit Pellkartoffeln serviert. In Peru werden Süßkartoffeln dazu gegessen.

Escabeche ist ein Fischsalat, der in Spanien und in Südamerika sehr beliebt ist. Der Name aber stammt aus der marokkanischen Küche: Fische wurden dort auch vor tausend Jahren schon in Salz und Essig eingelegt. Das Gericht kam mit der Eroberung Spaniens nach Europa.
Escabeche ist eine wunderbare Partyspeise, die viele Vorteile hat. Erstens: Sie schmeckt ungewöhnlich gut. Zweitens: Sie kann mit jeder frischen Fischsorte zubereitet werden und ist deshalb etwas für jeden Geldbeutel. Drittens: Sie sieht herrlich aus, weil die Farben des bunten Gemüses schön zur Geltung kommen.
Und viertens: Der Fisch kann bis zu 3 Tage vor der Feier fertig zubereitet und im Kühlschrank aufbewahrt werden. Er schmeckt jeden Tag etwas besser.

Krebssalat mit Sellerie

Zutaten

500 g Krebsfleisch oder Kunstkrebsfleisch (Sirimi)
1 Staudensellerie
1 Fenchelknolle
1 Dose eingelegte Palmenherzen
1/8 l Majonäse
3 EL Ketschup
2 EL Cognac oder Armagnac
2 TL Limetten- oder Zitronensaft
1 Prise Zucker
2 EL Olivenöl
1 Prise Cayennepfeffer
1/2 Knoblauchzehe
2 Fleischtomaten
1 Avocado

Zubereitung

Das Krebsfleisch oder Sirimi in 1 cm große Stücke schneiden. Blätter und grobe Stiele von der Sellerie wegschneiden, die hellen Stiele in sehr feine Querscheiben schneiden. Stiele und harte Wurzel vom Fenchel wegschneiden, die Knolle senkrecht halbieren und in feine Querscheiben schneiden. Die Palmenherzen abtropfen lassen und in 1 cm große Querscheiben schneiden.

Majonäse, Ketschup, Cognac oder Armagnac, Limetten- oder Zitronensaft, Zucker, Olivenöl, Cayennepfeffer und die durchgepresste halbe Knoblauchzehe zu einer Sauce verrühren, zu der Krebsfleischmischung geben.

Die Fleischtomaten entkernen und in Würfel schneiden. Die Avocado schälen, entkernen, senkrecht vierteln und in Querscheiben schneiden. Beide in die Sauce rühren und gut vermischen. Das Ganze sofort servieren. Soll der Salat über Nacht im Kühlschrank stehen, dürfen Tomaten und Avocado erst kurz vor dem Servieren hinzugefügt werden. Nochmals abschmecken.

Dieser Salat beweist, dass mit Bohnen zubereitete Salate hervorragend schmecken können.

Toskanische Fagioli mit Scampi

Zutaten

2 Dosen (je 240 g Abtropfgewicht) weiße italienische Riesenbohnen
1 Knoblauchzehe
Olivenöl
250 g gekochte Scampi oder Krabben
1 Fleischtomate
1 Bund Basilikum
1/8 l Rotweinessig
Salz
Pfeffer

Zubereitung

Die Bohnen über einem Sieb abgießen, mit heißem Wasser abspülen und gut abtropfen lassen. Knoblauch schälen und fein zerstoßen. Olivenöl erhitzen, Knoblauch in die Pfanne geben und braten, bis er leicht gebräunt ist. Die Scampi kurz in der Pfanne wenden, herausnehmen und sofort zu den Bohnen geben.

Die Tomate in kleine Stücke schneiden und mit dem fein gehackten Basilikum dazugeben. Das Ganze zusammen mit Olivenöl und Essig mischen, mit Salz und Pfeffer abschmecken.

Danach mindestens 1 Tag im Kühlschrank ziehen lassen.

Vor dem Servieren noch einmal abschmecken.

Toskanische Fagioli mit Scampi

Grüne Bohnen mit Scampi

Zutaten

500 g frische Keniabohnen
500 g geschälte Scampi
1 Knoblauchzehe
4-5 EL Olivenöl
150 g getrocknete Tomaten in Olivenöl
2 Fleischtomaten
8 EL scharfer Tomatenketschup mit Chili
3-4 Stängel Blattpetersilie
Tabasco

Zubereitung

Die Bohnen in kochendem Salzwasser bissfest garen, mit kaltem Wasser abschrecken und gut abtropfen lassen; mit einem Küchentuch leicht auspressen, damit der Salat nicht wässrig wird.
Die Scampi sehr kurz (2-3 Minuten) in einer Pfanne mit heißem Olivenöl und dem geschälten und sehr fein geschnittenen Knoblauch braten (bei längerem Braten werden die Scampi trocken und zäh).
Die eingelegten und frischen Tomaten in 1 cm große Würfel schneiden. Die Petersilie entstielen, die Blätter fein hacken. Das Ganze mischen, Ketschup zufügen.
Je nach Geschmack einige Tropfen Tabasco unterrühren. Über Nacht im Kühlschrank ziehen lassen.
Am nächsten Tag den Salat auf einer Servierplatte anrichten, dabei eventuell angesammeltes Wasser in der Schüssel zurücklassen.

Forellenfilet mit Melone

Zutaten

1 Endivien- oder Romanasalat
500 g geräucherte Forellenfilets
1 grüne Honigmelone
5-6 Stängel frischer Dill
200 g Jogurt
1/2 TL Salz
2-3 EL Meerrettich

Zubereitung

Die harten äußeren Blätter des Salats entfernen, die übrigen Blätter klein schneiden. Die Salatstücke auf einer Platte ausbreiten.

Die Forellenfilets enthäuten, entgräten, in grobe Stücke zerteilen und über den Salat verteilen.

Die Honigmelone halbieren, entkernen und mit einem Melonenausstecher 20-30 Kugeln aus dem Fruchtfleisch schneiden. Die Kugeln auf dem Salat verteilen. Restliches Fruchtfleisch aus der Melone kratzen, Dillblätter von den Stielen zupfen.

Das restliche Melonenfleisch mit dem Dill, dem Jogurt, Salz und Meerrettich mit dem Mixer zu einer cremigen Sauce pürieren.

Salat und Sauce getrennt über Nacht im Kühlschrank stehen lassen.

Die Sauce direkt vor dem Servieren über den Salat geben.

Fleisch und Eier als Vorspeise

Normalerweise biete ich meinen Gästen nur äußerst selten Fleisch- und Eiervorspeisen an, weil die meisten meiner Kunden leichtere Platten bevorzugen. Aber ich habe ein paar gute Rezepte für Liebhaber von Fleisch, die ich Ihnen hier gerne präsentieren möchte!

Mariniertes Roastbeef

Zutaten

200 g Rucola oder Endiviensalat
100 g Kürbiskerne
1/8 l Olivenöl
1/8 l Kürbiskernöl
1/8 l Weißwein-Essig
1/2 TL Salz
3 EL Kapern in Salzlake
2 rote Zwiebeln (ca. 150 g)
1 kg Roastbeef-Aufschnitt
schwarzer Pfeffer

Zubereitung

Die Rucolablätter zerkleinern oder den Salat in Streifen schneiden: Alles auf einer großen Platte auslegen.
Kürbiskerne in einer kleinen Pfanne in 2 EL Olivenöl leicht rösten, bis die Kerne aufgehen, springen und knistern. Die Kerne abkühlen lassen, dann grob hacken.
Restliches Olivenöl, Kürbiskernöl, Weißwein-Essig, Salz und Kapern mischen. Zwiebeln in feine Ringe schneiden, mit den Kürbiskernen unterziehen. Jede Roastbeefscheibe mit 1 TL der Mischung beträufeln, einmal zusammenklappen und auf der Platte anrichten. Restliche Marinadenmischung über das Roastbeef träufeln, mit schwarzem Pfeffer aus der Mühle bestreuen.

Elsässer Wurstsalat

Zutaten

300 g Mortadella oder Fleischwurst
300 g Emmentaler
200 g rote Zwiebeln
100 g Walnusskerne
150 ml Olivenöl
70 ml Weißwein-Essig
1 TL Thymian
Salz
200 g Schikoree
schwarzer Pfeffer

Zubereitung

Wurst und Käse in dünne Scheiben schneiden, aufeinander legen und feine Streifen schneiden. Die Zwiebeln schälen und in feine Ringe schneiden. Wurst, Käse und Zwiebeln in einer Schüssel mischen.

Die Walnusskerne grob brechen, in einer kleinen Pfanne in 2 EL Olivenöl leicht rösten, bis die Farbe etwas dunkler wird (Vorsicht! Sie verbrennen leicht!), zu der Wurstmischung geben.

Öl, Essig und Thymian zu einer Marinade verrühren und über die Wurstmischung geben, gut vermischen. Abschmecken, wenn nötig salzen.

Alles über Nacht im Kühlschrank ziehen lassen. Kurz vor dem Servieren die Schikoreeköpfe in feine Querstreifen schneiden, unter den Salat heben, das Ganze auf eine Servierplatte geben und mit schwarzem Pfeffer aus der Mühle bestreuen.

Schweinebraten mit Trauben-Chutney

Zutaten

500 g Bratenaufschnitt vom Metzger
1 mittelgroße Zwiebel
1 großer saurer Apfel
(Boskop oder Granny Smith)
500 g kernlose rote Trauben
4 EL Rotwein-Essig
4 EL Demarara-
oder Muskovado-Zucker
(oder ein anderer dunkler Zucker)
2 EL Öl
4 EL Rosinen
Salz
schwarzer Pfeffer

Zubereitung

Den Bratenaufschnitt auf einer großen Platte verteilen.
Die Zwiebel schälen und fein hacken, den Apfel schälen, entkernen und fein hacken, die Trauben halbieren. Alles zusammen mit dem Rotwein-Essig, dem Zucker, dem Öl, den Rosinen, dem Salz und dem Pfeffer aus der Mühle in einen kleinen Topf geben und langsam köcheln lassen. Das Ganze gelegentlich umrühren und ca. 40 Minuten zu einem dicken Chutney einkochen.
Abkühlen lassen und dann über das Fleisch verteilen. Dieses Chutney kann eine Woche im Voraus zubereitet werden. Es schmeckt auch zu anderem Fleisch vorzüglich.

Hart gekochte Eier in Paprikasauce

Zutaten

10 Eier
2 Knoblauchzehen
1 Gemüsezwiebel (ca. 200 g)
2 rote Paprikaschoten
5 EL Olivenöl
1/4 l Wasser
Cayennepfeffer oder Chilisauce
4 EL Balsamico-Essig
Salz
etwas Petersilie

Zubereitung

Die Eier kochen. In der Zwischenzeit die Knoblauchzehen schälen und fein hacken, Zwiebel schälen und in grobe Stücke schneiden, die Paprika grob hacken.
Knoblauch, Zwiebeln und Paprika in eine Pfanne mit etwas Öl geben und zugedeckt braten, bis das Gemüse weich ist (ca. 10 Minuten). Das Gemüse sollte dabei nicht braun werden. 1/4 l Wasser dazugießen und ohne Deckel dünsten, bis das Wasser auf die Hälfte reduziert ist. Die Sauce pürieren. Mit 1 Prise Cayennepfeffer oder Chilisauce, Balsamico-Essig und Salz mischen und abschmecken.
Einen Teil der Sauce auf eine Platte gießen, die Eier pellen und halbieren und mit der Schnittfläche nach oben anrichten. Restliche Sauce darüber verteilen. Mit Petersilie verzieren und kalt servieren.

FRITTATA

Frittata ist die italienische Version von Omelette: Verquirlte Eier werden über gekochte Pasta oder gekochtes Gemüse in die Pfanne gegossen und als große Eierkuchen-Fladen beidseitig ausgebacken. Sie können warm oder kalt gegessen werden. Die Füllung kann je nach Jahreszeit und Angebot angepasst werden. Die sparsame italienische Hausfrau sieht darin eine wunderbare Verwendung von Resten, vorausgesetzt, das Ergebnis schmeckt. Sehr beliebt sind Pasta-Frittata, da werden übrig gebliebene Pasta mit Sauce in den Eiern gebacken und im Frühling Brennnessel-Frittata mit gedünsteten jungen Brennnesselblättern als Füllung.

TOMATEN-FRITTATA

ZUTATEN

10 Eier
1/8 l Sahne
250 g Parmesan
2 Fleischtomaten
1 rote Paprika
Olivenöl
1 Knoblauchzehe
6 Stiele Blattpetersilie
1 TL Oregano
Salz
Pfeffer

ZUBEREITUNG

Eier aufschlagen und zusammen mit der Sahne und dem geriebenen Parmesan zu einem lockeren Teig schlagen. Die Tomaten überbrühen, häuten, entkernen; das Fruchtfleisch in feine Würfel schneiden und zu den Eiern geben. Die Paprika putzen und in feine Würfel schneiden. Die Paprikawürfel in einer großen beschichteten Bratpfanne in Olivenöl langsam weich schmoren. Knoblauch durch eine Presse drücken und zu der Paprika geben, kurz braten, die klein gehackte Petersilie und Oregano einrühren. Mit Salz und Pfeffer würzen.

Die Eiermasse auf die Paprika in die Pfanne gießen und langsam ausbacken, bis das Ei stockt und als Fladen zusammenhält. Einen großen Teller umgedreht über die Pfanne legen, Pfanne und Teller gleichzeitig umdrehen, damit der Fladen auf den Teller fällt. Die Pfanne wieder auf den Herd stellen, nochmals Öl in der Pfanne erhitzen und den Fladen wieder in die Pfanne gleiten lassen. Die andere Seite 1–2 Minuten braten. Frittata auf den Teller geben, in Tortenstücke schneiden und warm oder kalt servieren.

TIPP

Man kann die Frittata auch in einer flachen Ofenform im Ofen backen und direkt aus der Form servieren.

INDONESISCHE EIER

ZUTATEN

10 Eier
1 Knoblauchzehe
1 Gemüsezwiebel
3–4 EL Olivenöl
1 TL Sambal Oelek
1 EL Weißwein-Essig
1 TL Salz
1 TL Currypulver
1/2 l Kokosmilch (aus der Dose)
1 Fleischtomate

ZUBEREITUNG

Die Eier kochen. Die Knoblauchzehe durch eine Presse drücken, die Zwiebel schälen und in sehr feine Streifen schneiden. Knoblauch und Zwiebelstreifen in eine Pfanne mit Öl geben und ca. 5 Minuten braten. Während des Bratens öfter wenden.

Die geschälten, ganzen Eier zusammen mit Sambal Oelek, Weißwein-Essig, Salz, Currypulver und Kokosmilch zugeben. Die in Stücke geschnittene Tomate ebenfalls unterrühren. Das Ganze 15 Minuten sanft einköcheln lassen, dabei die Eier häufiger umdrehen.

Alles über Nacht kalt stellen und ziehen lassen. Vor dem Servieren die Eier halbieren, mit Currypulver bestäuben.

Gefülltes Mini-Gemüse

Fast alle Dips und viele von den Vorspeisen-Salaten können in ausgehöhltem Gemüse serviert werden, vor allem Tomaten eignen sich dafür hervorragend. Die kleinen Kirschtomaten oder die etwas größeren Cocktail-Tomaten sollten Sie bevorzugt verwenden.

Für die Zubereitung brauchen Sie einen oder besser mehrere Spritzbeutel und einen kleinen, scharfkantigen Löffel, einen »Olivenentkerner«. Hiermit kann man Stielansatz und Inhalt einer kleinen Tomate relativ mühelos herausschneiden. Die Tomaten müssen nach dem Aushöhlen umgedreht werden und ca. 30 Minuten austropfen, danach kann man sie gut füllen.

Aber auch 2 cm dicke, rohe Zucchini- oder Gurkenscheiben kann man zu kleinen »Tassen« aushöhlen und füllen. Dies geht jedoch nicht im Voraus, weil das Gemüse sonst wässrig wird.

Daher mein Tipp:

Die Cremes für die Füllungen können und sollten Sie am Tag vor Ihrer Party zubereiten, das Gemüse am nächsten Tag in der Frühe aushöhlen und kurz vor dem Servieren mit dem Spritzbeutel füllen.

Ich habe mehrere Spritzbeutel und fülle die Cremes nach der Zubereitung jeweils in einen anderen Beutel; die Beutel stelle ich dann gefüllt in den Kühlschrank.

Manchmal findet man auf dem Markt kleine Mini-Kürbisse und Mini-Auberginen, die auch gefüllt werden können:

Das Gemüse nach dem Aushöhlen mit einer Mischung aus Parmesan und Frischkäse füllen und kurz im Ofen backen.

Das gebackene Gemüse schmeckt auch kalt sehr gut und kann von daher problemlos am Vortag zubereitet werden.

Salate &

Rohkost

SÄTTIGENDE SALATE

aus Kartoffeln, Getreide und Pasta

Zu kalten Vorspeisen isst man sehr gern Brot oder Brötchen, aber es bietet sich an, auch die eine oder andere »Sättigungsbeilage« zu reichen. Sie schmecken nicht nur gut, sondern passen auch zu den verschiedenen Saucen der anderen Vorspeisen. Diese Beilagen kann man sowohl kalt wie auch leicht erwärmt zum warmen Essen servieren. Hier einige Beispiele: Als warme Beilage zu Lammfilet mit Paprika oder zu Zitronenhuhn biete ich gern den Persischen Reissalat an. Nudelsalat passt sehr gut zu italienischen Fleischbällchen, Buchweizensalat ist der perfekte Begleiter für ein Pilzragout, mit oder ohne Hasen!

Beim Gemüse kann man auf das jahreszeitliche Angebot zurückgreifen. Allerdings sollten immer drei Sorten vertreten sein.

ITALIENISCHER KARTOFFEL-GEMÜSE-SALAT

ZUTATEN

1 kg fest kochende Kartoffeln
200 g Majonäse
8 EL scharfer Senf
700 g frisches Gemüse (Fenchel, Staudensellerie, rote Zwiebeln, Möhren, Zucchini, rote und gelbe Paprika, Salatgurken)
1 Bund frisches Basilikum
6–7 Stängel Blattpetersilie
2–3 EL Kapern
4–5 kleine Cornichons

ZUBEREITUNG

Die Kartoffeln kochen, abkühlen lassen, pellen, in Scheiben schneiden. Die Kartoffelscheiben zusammen mit Majonäse und Senf vorsichtig vermischen und über Nacht in den Kühlschrank stellen.

Das Gemüse nach Wahl putzen, wenn nötig schälen, in 1 cm große Würfel schneiden. Basilikum- und Petersilienblätter von den Stielen abzupfen und fein schneiden, nach Geschmack Kapern und Cornichons zum Gemüse geben. Das Gemüse zudecken und über Nacht in den Kühlschrank stellen. Am Morgen vor dem Essen Kartoffeln und Gemüse mischen und wieder im Kühlschrank ziehen lassen.

TIPP

Verzieren Sie den Salat vor dem Essen mit Petersilien- und Basilikumblättern.

Salat mit geröstetem Bulgur und Mais

Wenn Sie den Geschmack von Bulgur mögen, können Sie auch einen Salat mit grobem Bulgur probieren. Mehr zu Bulgur: *siehe Seite 77*

Zutaten

200 g grober Bulgur
0,5 l Brühe
Olivenöl
200 g Maiskörner (aus dem Glas oder frisch vom Kolben)
2-3 Fleischtomaten
2 Frühlingszwiebeln
100 g Walnusskerne
3-4 EL Rotwein-Essig
Salz und Pfeffer

Zubereitung

Bulgur ohne Öl- oder Fettzugabe in eine Bratpfanne geben und langsam bei mittlerer Hitze unter ständigem Umrühren rösten (5-10 Minuten), bis er knackende Geräusche macht und leicht gebräunt ist.
In der Zwischenzeit in einem Topf die Brühe erhitzen. Gerösteten Bulgur in die Brühe schütten und aufkochen. Die Hitze reduzieren, den Topf zudecken und 20 Minuten ausquellen lassen.
Während der Bulgur gart, in der Bratpfanne 2-3 EL Olivenöl erhitzen und darin die Maiskörner 2-3 Minuten braten. Mais abkühlen lassen. Mais, die gewürfelten Tomaten und klein geschnittenen Frühlingszwiebeln in den gegarten Bulgur rühren.
Walnusskerne mit 1-2 TL Öl in der Pfanne rösten, bis sie leicht gebräunt sind. Die Kerne zum Bulgur geben. Alles mit Essig, Salz und Pfeffer würzen.
Kühl, aber nicht kalt (also nicht im Kühlschrank, besser in einem kühlen Raum), mit einem Küchentuch bedeckt, über Nacht ziehen lassen.

Nudelsalat

auf Italienisch

Eigentlich isst man keine Nudelsalate in Italien. Aber ich finde die hiesigen Nudelsalate aus Hörnchen, Majonäse, Erbsen und Schinken einfach zu langweilig und habe stattdessen immer eine Schüssel Pastasalat mit pikantem Gemüse auf dem Büfetttisch stehen. Er ist leicht, bunt, schmeckt wunderbar und könnte vielleicht sogar einen Italiener überzeugen kalte Pasta zu essen.

Zutaten

3 mittelgroße Tomaten
1 gelbe und 1 rote Paprika
1 dicke Möhre
1 rote Zwiebel
2 Frühlingszwiebeln
1 Knoblauchzehe
1 Kugel Mozzarella (ca. 150 g)
100 g schwarze Oliven, entsteint
1/8 l Olivenöl
3 EL Balsamico-Essig
Salz
schwarzer Pfeffer
1 TL Oregano
1 kg Spirelli- oder Hörnchen-Nudeln
5-6 Stängel Blattpetersilie
100 g italienische Salami

Zubereitung

Das Gemüse vorbereiten: Tomaten entkernen und in etwa 1-2 cm große Würfel schneiden, die Paprikaschoten entkernen und in kleine Stücke schneiden, die Möhre schälen und zu Stiften raspeln, Zwiebel und Frühlingszwiebeln schälen und fein hacken, die Knoblauchzehe durch eine Presse drücken. Tomaten, Paprika, Möhre, Zwiebeln und Knoblauch in eine große Schüssel geben. Mozzarella in kleine Würfel schneiden. Die ent-

steinten Oliven halbieren und zusammen mit den Mozzarellawürfeln zum Gemüse geben. Die Gemüse-Mozzarella-Mischung mit Olivenöl und Balsamico-Essig verrühren und mit Salz, schwarzem Pfeffer aus der Mühle und Oregano würzen. Das Ganze eine Nacht in den Kühlschrank stellen.
Am nächsten Tag die Nudeln al dente kochen, abgießen und noch warm mit dem Gemüse mischen. Alles abschmecken, einige Stunden ziehen lassen. Im kalten Zustand nochmals abschmecken und mit der fein gehackten Petersilie mischen. Wer es etwas kräftiger mag, kann in feine Streifen geschnittene Salami unterrühren. Kalt servieren.

Buchweizen-Salat

Zutaten

500 g Buchweizen
1 Ei
3/4 l Brühe
2 Lorbeerblätter
1 rote und 1 gelbe Paprika
1 mittelgroße Möhre
3 Frühlingszwiebeln mit Grün
5–6 Stängel Blattpetersilie
3–4 Stängel frischer Dill
1 TL Majoran
Salz
schwarzer Pfeffer
150 g Haselnüsse
6 EL Olivenöl
Saft von 1 Zitrone

Zubereitung

Buchweizen in einen trockenen Topf geben und das aufgeschlagene rohe Ei darüber geben. Bei mittlerer Hitze ständig umrühren, bis das Ei getrocknet ist. Die Brühe dazugießen, umrühren, den Topf zudecken und die Hitze so regulieren, dass die Brühe nach 15 Minuten fast vollständig verdampft ist (wenn der Buchweizen länger kocht, wird er schleimig). Deckel vom Topf nehmen, den Buchweizen 2–3 Minuten im Topf ausdampfen lassen, dann auf einem Küchentuch oder Backblech ausbreiten und abkühlen lassen.
In der Zwischenzeit die Paprika entkernen, die Möhre schälen, mit den Frühlingszwiebeln klein hacken, Petersilie und Dill fein hacken. Die vorbereiteten Zutaten zusammen mit Majoran, Salz und schwarzem Pfeffer aus der Mühle zum Buchweizen geben und gründlich untermischen.
Die gehackten Haselnüsse im Olivenöl braten, bis sie leicht gebräunt sind. Die Nüsse zum Salat geben und untermischen. Den Saft einer Zitrone darüber gießen und mit dem Salat verrühren. Den fertigen Salat mit einem Küchentuch zudecken und über Nacht kühl stellen (nicht in den Kühlschrank!).

Tabbouleh

Zutaten

100 g feiner Bulgur
8 Frühlingszwiebeln
1 Bund Blattpetersilie (etwa 300 g)
1 Bund frische türkische Minze (wenn erwünscht)
1/2 Salatgurke
2 Tomaten (ca. 300 g)
1/4 TL Cayennepfeffer
1/4 TL Piment
1/4 TL Zimt
1/4 TL Muskat
6 EL Olivenöl
4 EL Zitronensaft
Salz
schwarzer Pfeffer

Zubereitung

Bulgur in ein feines Sieb geben und unter kaltem Wasser abspülen, abtropfen lassen, auf einem Küchentuch ausbreiten und 30 Minuten quellen lassen.
In der Zwischenzeit die übrigen Zutaten vorbereiten. Die weißen Teile der Frühlingszwiebeln klein schneiden, die Petersilie und Minze fein zerhacken, die Salatgurke schälen, entkernen und in kleine Stücke schneiden, die Tomaten entkernen und würfeln. Frühlingszwiebeln, Petersilie, Minze, Gurke und Tomate in eine Schüssel geben, Cayennepfeffer, Piment, Zimt, Muskat, Olivenöl, Zitronensaft, Salz und schwarzen Pfeffer aus der Mühle hinzugeben und gut vermischen.
Den Bulgur dazugeben und unterrühren. Alles über Nacht im Kühlschrank ziehen lassen, damit der Bulgur weich wird und die Säfte von den Kräutern aufsaugt.

Tipp

Servieren Sie Tabbouleh kalt auf Salatblättern.

Tabbouleh ist ein wunderbar leichter, frischer Salat aus dem Nahen Osten: Ich habe ihn das erste Mal in einem libanesischen Restaurant in Boston gegessen. Seitdem habe ich unzählige Variationen kennen gelernt. Die Grundlage von Tabbouleh ist Bulgur, eine Grütze aus Hartweizen. Bulgur gibt es in feinem und mittlerem Bruch und als ganze Körner. Feiner Bulgur muss nicht gekocht, sondern lediglich in kaltem Wasser eingeweicht werden und eignet sich bestens für Füllungen, Klöße und Salate. Bulgur kann man in fast allen türkischen Lebensmittelläden kaufen, da er neben Reis das wichtigste Grundnahrungsmittel in der türkischen Küche ist. Sie erhalten Bulgur aber auch in den meisten Naturkostläden und vielen Supermärkten.

Persischer Reissalat

Zutaten

1 kg Basmati-Reis
Salz
100 g Pinienkerne
100 g Korinthen
100 g Pistazien ohne Schale
100 g Mandelsplitter
3–4 EL Öl
1/2 Päckchen (50 g) Orangeat
oder 50 g getrocknete Aprikosen
1/4 l Orangensaft, frisch gepresst
1 Granatapfel

Zubereitung

Den Reis in 1,5 l Salzwasser zum Kochen bringen. Die Hitze reduzieren und den Topf fest zudecken, 10 Minuten quellen lassen. Den Topf vom Herd nehmen und weitere 10 Minuten zugedeckt quellen lassen. Den Inhalt auf einer Arbeitsfläche oder einem Backblech ausbreiten und abkühlen lassen.

In einer großen Bratpfanne Pinienkerne, Korinthen, Pistazien und Mandelsplitter in 3–4 EL Öl braten, bis die Nüsse leicht gebräunt und die Korinthen aufgeplustert sind. Das in Würfel geschnittene Orangeat oder zerkleinerte Aprikosen dazugeben, den Orangensaft dazugießen und das Ganze 2–3 Minuten köcheln lassen.

Die Nussmischung in den Reis rühren und über Nacht auf einer Platte, nur mit einem Küchentuch bedeckt, bei kühler Zimmertemperatur stehen lassen. Vor dem Servieren den Granatapfel aufbrechen und einen Teil von den Kernen als Verzierung über den Reis streuen.

Tipp

Stellen Sie den Reissalat nicht in den Kühlschrank, da er dort hart wird!

FRISCHE SALATE UND ROHKOST

Schon in meiner Kindheit war Italien für mich etwas Wunderbares. Viele meiner Schulfreunde waren Italiener, und so lernte ich schon früh die italienische Küche kennen und lieben, vor allem die atemberaubende Vielfalt an Salaten und Gemüsegerichten, für eine Amerikanerin in der damaligen Zeit eine Offenbarung!

Als ich später nach Italien kam, bestätigten sich die Vorstellungen aus meiner Kindheit.

Es gibt kaum ein Land, dessen Märkte eine Köchin mehr inspirieren als Italien. Das Angebot von knackigem Grünzeug und duftenden Kräutern in den Geschäften und auf den Marktständen ist überwältigend. In dem Supermarkt, in dem ich immer einkaufe, gibt es allein für das Olivenöl-Sortiment sechs Meter Regalplatz. Auch eine umfangreiche Vielfalt an Essigsorten ist vorhanden, vor allem Rot- und Weißwein-Essig. Meine Lieblingssorte, der Balsamico di Modena, fehlt nie. Er ist dunkelbraun und süßsauer und macht jeden Salat zu einem kulinarischen Ereignis.

In meinen Rezepten, vor allem in meinen Salatrezepten, verwende ich fast ausschließlich Olivenöl. Viele Menschen glauben, dass sie den Geschmack von Olivenöl nicht mögen, haben aber selten die Gelegenheit gehabt, gute, frische Sorten zu probieren. Je nach Olivensorte, Anbauland, Witterung, Boden, Gewinnung und Lagerung gibt es sehr große Geschmacksunterschiede, von leichtfruchtig und duftend bis zu dunkel, muffig und fischig! Kaufen Sie mehrere Sorten natives Öl und probieren Sie einige Tropfen auf geröstetem Brot, bis Sie ein Olivenöl finden, das Ihnen mundet! Ein gutes Olivenöl ist eine Kostbarkeit, es wird seit biblischen Zeiten gelobt und geschätzt. Und: Ein wirklich gutes Öl macht einen Salat zu einem Gedicht, ein schlechtes zu einer Katastrophe! Um noch mehr Abwechslung auf den Salattisch zu bringen, habe ich eine ganze Reihe von Essigsorten in meinem Küchenregal. Alten Sherry-Essig habe ich aus Gran Canaria mitgebracht, Kokos-Essig aus dem Asienladen, Walnuss-Essig aus dem Delikatessengeschäft, Estragon-Essig und Apfel-Essig aus dem Bioladen. Außerdem empfehle ich Himbeer-Essig (besonders köstlich auf Rote Bete und Möhren): Jede Sorte hat ein eigenes Parfüm und gibt einem Salat eine andere Note.

Wenn ich Salate anbiete, mache ich mir vorher Gedanken über die Folge und den Umfang der Speisen. Meiner Erfahrung nach wird Salat am liebsten dann gegessen, wenn er zuerst und ganz allein auf den Tisch kommt. Der hungrige Gast isst dann einen ganzen Teller leer. Wenn man aber ein Büfett mit mehreren Vorspeisen aufbaut, ist die Situation eine andere.

Ein normaler grüner Salat kann sich dann nicht gegen die Konkurrenz behaupten.
Trotzdem sollte immer Rohkost angeboten werden. Die meisten Rezepte in diesem Buch sind so konzipiert, dass sie im Voraus zubereitet werden können. Das hat natürlich zur Folge, dass der Vitamingehalt reduziert wird. Für ein einmaliges Partyvergnügen ist das keine große Katastrophe, man isst ja nicht jeden Tag so. Und man kann dieses Minus mit einem guten Angebot an leckeren frischen Salaten etwas ausgleichen.
Um die Rohkost attraktiv genug zu gestalten, mische ich die Vorspeisen mit Salat (z. B. Austernpilze auf Rucola oder Forelle auf Romana), fülle sie in Salatblätter (Caponata in Radiccio) oder biete außergewöhnliche Mischsalate an, wie Schikoree in Orangensauce mit Paranüssen oder Spinat mit Roter Bete und Sesam.
Das Geheimnis bei der Zubereitung von Salat und Rohkost für ein Büfett liegt in der Aufbewahrung. Wenn man die frischen Salatblätter putzt, aber nicht zerschneidet, in Salzwasser wäscht, trockenschleudert und in einem feuchten Küchentuch, in einer verschlossenen Plastiktüte, einem Eimer oder einer Kunststoff-Schüssel im Kühlschrank über Nacht lagert, sind die Blätter am nächsten Tag oft knackiger als beim Kauf. Sie müssen nur zerkleinert werden, in eine Schüssel kommen und im letzten Augenblick vor dem Servieren mit der (schon vorbereiteten!) Sauce begossen werden: keine große Last-minute-Arbeit für den gestressten Gastgeber!
Eine Alternative zum leichten Vorspeisensalat sind Hauptgerichte aus Salat und Rohkost. Diese sind hauptsächlich im Sommer angebracht, vor allem, wenn man sie draußen in der Sonne genießen kann.

Leichte Vorspeisensalate

Honigdressingsalat

mit Möhren, Zuckerschoten und roten Paprika

Zutaten

500 g Möhren
250 g Zuckerschoten
2 rote Paprika
250 g TK-Erbsen
1/8 l Weißwein- oder Reisessig
2 EL Dijon-Senf
oder ein anderer scharfer Senf
2 EL Honig
Salz
3 EL Öl (am besten Walnussöl)

Zubereitung

Möhren schälen und in feine Stifte raspeln. Zuckerschoten in 1-cm-Querscheiben, Paprika in kleine Stücke schneiden. Möhrenstifte, Zuckerschoten-Scheiben, Paprikastücke und TK-Erbsen sehr kurz in kochendem Wasser blanchieren (nur einige Sekunden). Sofort in ein Sieb geben und mit kaltem Wasser abschrecken.
Aus Essig, Senf, Honig, Salz und Öl eine Sauce rühren und mit dem Gemüse mischen. Alles über Nacht ziehen lassen. Am nächsten Tag abschmecken, nachwürzen und kalt servieren.

Honigdressingsalat mit Möhren, Zuckerschoten und roter Paprika

ROTE-BETE-SALAT

mit Spinat und Sesam

ZUTATEN

250 g rohe, junge Spinatblätter
2 mittelgroße Rote Bete
4 EL Himbeer- oder Weißwein-Essig
1 EL Sojasauce
1 TL geröstetes Sesamöl (Asienladen)
3 EL Sesamkörner
6 EL Olivenöl
Salz
Pfeffer

ZUBEREITUNG

Die Spinatblätter waschen, verlesen, trockenschleudern, alle groben Stiele entfernen und die Blätter in 2 cm breite Streifen schneiden. Den Spinat in ein feuchtes Küchentuch einschlagen, in eine Plastiktüte oder Schüssel geben und fest verschließen, über Nacht in den Kühlschrank stellen.

Rote Bete in kochendem Salzwasser garen, schälen und in Stifte schneiden. Aus Essig, Sojasauce und geröstetem Sesamöl eine Sauce rühren. Die Rote Bete über Nacht darin marinieren.

Sesamkörner in Olivenöl rösten, bis sie leicht gebräunt sind (Vorsicht! Die Körner springen, wenn sie heiß sind, und verbrennen auch sehr schnell.), mit dem Öl beiseite stellen.

Kurz vor dem Essen Spinat, Rote Bete und Sesamkörner zusammen mit dem Öl mischen, mit Salz und Pfeffer abschmecken.

Spinat wird in Deutschland nur selten als Salat angeboten. Wenn man aber kleine, zarte Blätter auf dem Wochenmarkt oder beim Bauern kaufen kann, sind sie als Rohkost köstlich. Auch große Blätter, fein geschnitten, können ein Salatangebot wunderbar ergänzen.

Avocado-, Orangen- und Kohlrabisalat

Zutaten

3 große Apfelsinen
1/2 TL Currypulver
1/2 TL Salz
1/4 TL gemahlener Kumin
1 Prise Zucker
2 EL Olivenöl
2 EL Weißwein-Essig
1 mittlerer Kohlrabi
2 reife Avocados

Zubereitung

Die Apfelsinen mit einem Messer schälen, dabei auch die Innenhaut entfernen. Die Filets zwischen den Trennhäuten mit einem scharfen Messer über einer Schüssel herausschneiden, dabei den Saft auffangen. Die Trennhäute anschließend auch ausdrücken, um möglichst keinen Saft zu verlieren. Diesen dann mit Curry, Salz, Kumin, Zucher, Olivenöl und Weißwein-Essig zu einem Dressing verrühren. Den Kohlrabi schälen, in feine Stifte schneiden. Mit den Apfelsinenfilets zu der Marinade geben. Einige Stunden ziehen lassen.

Kurz vor dem Essen die Avocados schälen, halbieren und in feine Scheiben geschnitten zum Dressing geben, gut mischen und evtl. nochmals würzig abschmecken.

Schikoreesalat

mit Orangenfilets und Paranüssen

Zutaten

3-4 Schikoree (etwa 500 g)
2 große Apfelsinen
100 g Paranüsse
Olivenöl
1/4 l Sahne
Salz

Zubereitung

Am Vortag die Schikoreeblätter vom Stiel ablösen und der Länge nach halbieren. Die Blätter sofort in ein angefeuchtetes Küchentuch geben, in eine Plastiktüte oder Schüssel legen und fest zudecken. Über Nacht in den Kühlschrank stellen.
Die Apfelsinen wie beim Avocado-, Orangen- und Kohlrabisalat schälen und filetieren, mit dem Saft gut zugedeckt in den Kühlschrank stellen.
Die Paranüsse grob hacken und in der Pfanne in Olivenöl leicht bräunen. Die Nüsse mit dem Öl in eine Schale geben und beiseite stellen.
Kurz vor dem Essen die Schikoreeblätter zusammen mit den restlichen Zutaten und der Sahne mischen, einige Nüsse aufheben.
Den Salat abschmecken und mit den zuvor zur Seite gelegten Nüssen bestreuen.

Hauptspeisensalate

Knusprige Putenschnitzel

auf Frisée und Brunnenkresse

Zutaten

6 Scheiben Weißbrot
1 TL Majoran
2 Eier
1 kg Putenbrustfleisch
Salz
Pfeffer
Mehl
Paniermehl
1 Bund Brunnenkresse
2 Köpfe Frisée
5 Endivien

Für das Dressing:
4 EL Rotwein-Essig
2 EL Dijon-Senf
1/4 l Olivenöl
Salz
Pfeffer

Zubereitung

Brot entrinden und in der Küchenmaschine zu feinen Bröseln verarbeiten und mit Majoran würzen. Die Eier aufschlagen. Das Putenfleisch in kleine Schnitzel schneiden und flach klopfen, mit Salz und Pfeffer bestreuen. Die Schnitzel in Mehl, Ei und der Brösel-Majoran-Mischung wenden und 30 Minuten in den Kühlschrank legen. In der Zwischenzeit die Brunnenkresse zerkleinern, die Frisée- und Endivienblätter in Querstreifen schneiden, in ein Küchentuch wickeln und kalt stellen.
Aus Rotwein-Essig, Senf und Olivenöl ein Dressing anrühren. Mit Salz und Pfeffer würzen. Kurz vor dem Servieren den Salat auf einer Platte anrichten. Die Putenschnitzel in heißem Olivenöl kross braten. Das Dressing bis auf 4–5 EL unter den Salat mischen. Warme Schnitzel auf den Salat legen und mit dem restlichen Dressing beträufeln. Sofort servieren.

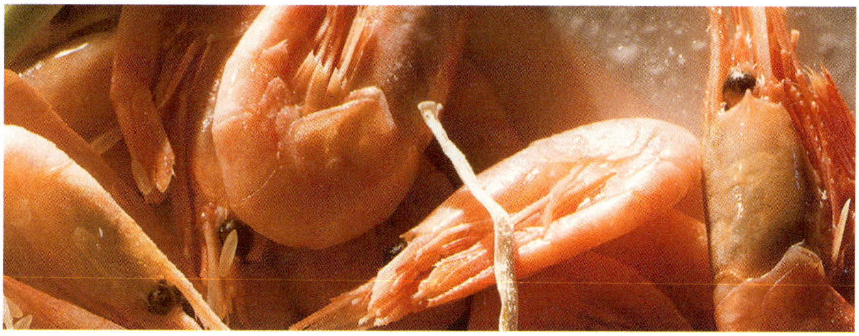

Scampi-Salat

mit Hühnerbrust und Artischocken

Zutaten

1,5 kg Hühnerbrust
Salz
500 g Scampi
4–5 Rippen Staudensellerie
16 Artischockenherzen aus der Dose
Olivenöl
2 Köpfe Radicchio (ca. 400 g)
2 Kopfsalate

Für das Dressing:
1 Zitrone
1 Bund Basilikum
2 Eier
2 Eigelb
Salz und Pfeffer
1/4 l Olivenöl
100 g Jogurt

Zubereitung

Die Hühnerbrust-Filets (ohne Haut) nebeneinander in eine große Pfanne legen und mit etwas Wasser bedecken. 2 TL Salz über die Filets streuen und das Ganze zum Sieden bringen. Die Hitze reduzieren und alles 5 Minuten köcheln lassen, die Filets dabei wenden. Die rohen Scampi (ohne Schale) darüber verteilen und ca. 3 Minuten mitgaren. Scampi mit einem Schaumlöffel herausnehmen und abkühlen lassen. Die Hühnerbrust-Filets noch ca. 30 Minuten im Kochwasser abkühlen lassen. Das Fleisch herausnehmen, in Stücke schneiden (etwa so groß wie die Scampi).

Den Sellerie in 1/2 cm große Querscheiben schneiden, die Artischockenherzen halbieren, zusammen mit den Scampi und dem Fleisch mischen. 2 EL Olivenöl dazugießen, über Nacht gut zugedeckt in den Kühlschrank stellen.

Radicchio in feine Streifen schneiden, den Kopfsalat nach dem Waschen in ein feuchtes Tuch wickeln, beide Salate zusammen in einen Plastikbeutel geben und über Nacht in den Kühlschrank stellen.

Für das Dressing Zitronensaft auspressen (5 EL), Basilikumblätter von den Stielen abzupfen, einige zur Verzierung beiseite legen. Die restlichen Blätter mit Zitronensaft, Ei, Eigelb, Salz und Pfeffer in den Mixer geben, während des Pürierens langsam das Öl eingießen, bis eine dicke Majonäse entsteht.

Das Dressing in eine Schüssel geben, Jogurt einrühren. Radicchio und Kopfsalat auf einer Platte anrichten, die Fleisch-Scampi-Mischung mit einigen Löffeln Dressing mischen und auf den Salat geben, das restliche Dressing esslöffelweise darüber verteilen. Mit einigen Basilikumblättern verzieren.

Fusilli sind die kleinen gedrehten »Schillerlöckchen«-Nudeln. Diese Nudeln passen besonders gut zu robusten Saucen.

Fusilli-Salat mit Hähnchenbrust-Streifen

Zutaten

8 Hühnerbrust-Hälften
4 EL dunkle Sojasauce (Tamari)
2 Knoblauchzehen
2 TL Ingwerpulver
2 TL gemahlener Kumin
50 ml Olivenöl
Mehl
1 Gemüsezwiebel
1 Aubergine
450 g geschälte Tomaten im Saft (aus der Dose)
6–7 Stängel Blattpetersilie
Salz
Pfeffer
Tabasco
1 kg Fusilli- oder Spirelli-Nudeln
3 EL Rotwein-Essig

Zubereitung

Die Hähnchenbrüste zusammen mit der Sojasauce, dem geschälten und durch eine Presse gedrückten Knoblauch, dem Ingwer, Kumin und 50 ml Olivenöl gut mischen und mehrere Stunden oder eine ganze Nacht ziehen lassen. Das Fleisch in Mehl wenden und in Olivenöl beidseitig goldbraun ausbacken, beiseite stellen und abkühlen lassen.

Die Gemüsezwiebel schälen, in Ringe schneiden und zusammen mit etwas Olivenöl in der Fleisch-Pfanne langsam braten. Dabei alle Bratreste in der Pfanne mit den Zwiebeln vermengen. Die Aubergine in der Zwischenzeit in 2 cm große Würfel schneiden. Wenn die Zwiebelringe weich sind, die Auberginenwürfel zufügen und alles 2–3 Minuten bei häufigem Rühren weiterbraten, bis das Öl völlig absorbiert ist. Dann die Tomaten aus der Dose darüber gießen und alle Zutaten gut vermischen. Die Pfanne zudecken und alles 4–5 Minuten zusammen schmoren lassen. Wenn die Mischung zu trocken wird, Wasser zugießen. Wenn die Auberginen weich sind, die gehackte Petersilie einrühren, die Sauce mit Salz, Pfeffer und Tabasco abschmecken.

Die Nudeln bissfest (al dente) kochen, abgießen, noch warm mit der Sauce mischen. Abkühlen lassen, über Nacht im Kühlschrank lagern.

Vor dem Servieren die Hühnerbrüste in Streifen schneiden, mit dem ausgetretenen Saft zu der kalten Pasta mischen. Alles mit Rotwein-Essig besprenkeln und abschmecken.

Tipp

Sie können auch Rucola-Blätter, gewürfelte, frische Tomaten und Staudensellerie-Streifen untermengen und das Ganze auf einem Salatbett servieren.

Jakobsmuschel-Salat

Jakobsmuscheln sind natürlich sehr kostbar, aber auch sehr köstlich. Wenn Sie einen guten Fischhändler haben, ergattern Sie vielleicht irgendwann die frischen, großen Exemplare; aber Sie können auch aufgetaute TK-Muscheln für diesen Salat verwenden. Der delikate Geschmack der Muschel passt erstaunlich gut zu dem kräftigen Salat.

Zutaten

250 g Frühstücks-Bacon
Olivenöl
6 Schalotten oder Frühlingszwiebeln
1 Spitzkohlkopf (ca. 1.000 g)
3 EL frische Estragonblätter
oder 3 TL getrockneter Estragon
2,5 kg Jakobsmuscheln
3 EL Weißwein-Essig
5 EL Weißwein
Salz und Pfeffer

Zubereitung

Den Bacon in der Pfanne braten, bis er gebräunt und knusprig ist. Die Scheiben aus der Pfanne nehmen und auf Küchenpapier legen, abtropfen lassen. Die Scheiben grob zerbröseln, Fett abgießen und stehen lassen, bis alle dunklen Teile abgesunken sind. 2 EL von dem klaren Fett wieder in die Pfanne geben, 2 EL Olivenöl dazugeben.

Die Schalotten schälen (oder Frühlingszwiebeln säubern) und fein hacken; ca. 1 Minute in dem Fett braten, vom Herd nehmen.

Den Spitzkohl in feine Streifen schneiden, die Schalotten und die zerkleinerten Estragonblätter dazugeben. Die Kohlmischung kann eine Nacht im Kühlschrank stehen.

Am nächsten Tag 4 EL Olivenöl in einer großen Pfanne erhitzen und die Muscheln darin ca. 5 Minuten bei ständigem Wenden braten, bis sie fest und weiß geworden sind. Die Muscheln mit einem Schaumlöffel aus der Pfanne nehmen und beiseite stellen.

Weißwein-Essig, Weißwein und 5 EL Olivenöl in die Pfanne geben, Salz und Pfeffer einrühren und das Ganze kurz erhitzen.

Diese Sauce nun über die Muscheln gießen und abkühlen lassen. Die Kohlmischung auf einer großen Platte ausbreiten. Die Muscheln darüber geben, mit dem Speck bestreuen.

Warm oder bei Zimmertemperatur servieren.

Dazu frisches Baguette reichen!

Warme Ha

uptspeisen

FLEISCHGERICHTE

Wenn ich mit Kunden ein Büfett plane, erinnere ich sie immer an die Erfahrung, die man meist in griechischen Restaurants macht: Man kann nicht widerstehen und bestellt eine ganze Reihe von den kleinen Dips und Vorspeisen, die auf der Karte stehen. Dann bestellt man als Hauptgericht eine Grillplatte oder einen Auflauf und fängt an, das Brot zu knabbern. Es kommen der Wein und die ersten kleinen Teller voller Köstlichkeiten, die mit dem Brot gegessen werden. Weitere Kleinigkeiten und noch mehr Brot, Oliven und Käse, Salat, kleine Teigröllchen werden serviert. Alles ist wahnsinnig lecker! Und irgendwann, wenn man eigentlich schon satt ist, kommt plötzlich das warme Essen!

Und so ist es bei einem Fest-Büfett auch. Nur ein sehr großer Esser kann sich nach mehreren ergiebigen Vorspeisen noch größere Mengen Fleisch als Hauptgericht einverleiben. Berücksichtigen Sie dies unbedingt bei der Auswahl und Menge der warmen Fleischspeisen.

Ich suche immer eine Vorspeisen-Auswahl mit viel Farbe, Frische und Würze. Sie muss leicht und appetitlich sein und nicht viel Fleisch enthalten: Konventionelle Büfetts mit kaltem Braten, Fleischröllchen und Fleischsalaten finden immer mehr Menschen langweilig.

Fleisch gibt es bei mir hauptsächlich bei den warmen Gerichten, aber auch hier berücksichtige ich »die griechische Erfahrung«: Es muss nur ein (höchstens zwei) saftige(s) Fleischgericht(e) mit Sauce und den passenden Beilagen sein, dabei berechne ich selten mehr als 100–150 g Fleisch pro Gast.

Große Bratenstücke biete ich selten an, weil sie leicht austrocknen. Daher sind meine Hauptspeisen, die »warme Mitte« des Essens, etwas anders als üblich. Ich serviere das Fleisch in Ragoutform und ergänze es mit viel Gemüse und Sauce, damit es auch längere Zeit warm gehalten werden kann ohne auszutrocknen. Die Fleischgerichte kann man deswegen am Vortag schon fertig stellen und am Tag des Festes lediglich wieder erwärmen und abschmecken.

Alle Gerichte sind für 10 Personen berechnet, aber Sie wissen: Die benötigte Menge hängt vom gesamten Speiseplan ab. Und: Manche Menschen können doppelt so viel Fleisch essen!

Die Zubereitung von Fleisch, das einen ganzen Abend warm bleiben soll, ist gar nicht so einfach. Wird das Fleisch bei der Zubereitung durchgegart, wird es beim Aufwärmen oft hart und trocken. Der Trick besteht darin, das Fleisch zu bräunen ohne es fertig zu garen. Erst beim Aufwärmen in der Sauce soll das Fleisch richtig gar werden. Um eine schnelle Bräunung und einen vollen, fleischigen Geschmack zu bekommen, habe ich mir eine Methode aus der japanischen Küche angeeignet. Fleisch und Fisch, fast egal, welche Sorte, werden vor dem Braten mit ein wenig japanischer Man-San-Tamari Sojasauce beträufelt oder bepinselt. Beim Braten verwandelt sich die Sojasauce in eine wunderschöne, leicht salzige, braune Kruste. Wenn dazu eine leichte Panade kommen soll, wird das Fleisch zusätzlich mit Pfeilwurzelmehl bestäubt. Pfeilwurzelmehl ist ein feines weißes Stärkepulver, das anders als Mondamin oder Maizena in der Bratpfanne nicht anbrennt. Pfeilwurzelmehl und Tamari-Sojasauce gibt es in Naturkost- und Reformläden.

Wenn man 4 oder 5 kg Fleisch auf einmal brät, ist es oft ratsam, gefrorenes Fleisch zu nehmen, z. B. gefrorene Hühnerbrust-Filets ohne Haut. Es gibt keinen Abfall, und man kann das Fleisch meistens in Einzelstückchen aus dem Paket nehmen. Bei kleineren Fleischstücken wie Fisch- oder Lammfilets muss das Fleisch vor dem Braten nicht aufgetaut werden: einfach mit Sojasauce einpinseln und mit Pfeilwurzel bemehlen, in reichlich Fett ringsum scharf anbraten und bräunen. Durchgaren kann man es dann später in der Sauce.

Ein wichtiger Hinweis: Wenn halb gegartes Fleisch über Nacht aufbewahrt werden soll, ist es sehr wichtig, es so schnell wie möglich zu kühlen und auch recht kalt zu halten. In einem großen Topf kühlt der Inhalt in der Mitte sehr langsam ab und bleibt lange auf einer Temperatur, bei der sich Keime bilden können. Daher ist es ratsam, das Fleisch beim Abkühlen in einen möglichst flachen Behälter zu geben. Rühren Sie öfter um, damit die Wärme an die Oberfläche kommt.

Osso Buco

Diese Mailänder Spezialität heißt »Knochen mit dem Loch« und wurde nach dem runden Beinknochen in der Kalbshaxe benannt. Die Haxen werden in 4–5 cm dicke Scheiben geschnitten und in einer pikanten Sauce geschmort: ein perfektes Partygericht, da es nicht austrocknet und am Vortag zubereitet werden kann. Pro Person benötigen Sie etwa 150 g Fleisch mit Knochen.

Zutaten

1,5 kg Kalbshaxe
5–6 EL Tamari-Sojasauce
schwarzer Pfeffer
100 g Mehl
Olivenöl
1 große Gemüsezwiebel
400 g Möhren
4 Stangen Staudensellerie
800 g geschälte Tomaten (aus der Dose)
1/2 l Weißwein
1/2 l Gemüse- oder Hühnerfond
1 Knoblauchzehe
1 TL getrocknetes Basilikum
1 TL frischer Rosmarin
1 TL getrockneter Thymian
200 g Pinienkerne
4–5 EL eingelegte Kapern
3 Frühlingszwiebeln mit Grün
100 g Petersilie
1 Zitrone

Zubereitung

Die Kalbshaxe vom Fleischer in Scheiben schneiden lassen. Die Scheiben mit Sojasauce bestreichen, pfeffern und im Mehl wenden.

Olivenöl in einer großen Kasserolle erhitzen und die Scheiben darin beidseitig bräunen, herausnehmen, auf eine Platte legen. Das Öl weggießen und frisches Öl in den Topf geben.

Die Zwiebel schälen und zerkleinern, die Möhren schälen und würfeln, auch den Staudensellerie in Würfel schneiden. Gemüse in die Pfanne geben und 10 Minuten schmoren, bis es leicht gefärbt und weich ist. Die gewürfelten Tomaten, den Weißwein und den Fond dazugießen. Den geschälten und durch die Presse gedrückten Knoblauch hinzugeben. Mit Basilikum, fein gehacktem Rosmarin und Thymian würzen.

Alles gut miteinander mischen. Die Kalbsscheiben hineingeben und alles zum Kochen bringen.

Den Topf mit einem Deckel abdecken und das Ganze entweder im Ofen bei 180 °C oder bei sehr milder Hitze auf der Herdplatte ca. 2 Stunden schmoren lassen, bis das Fleisch weich ist. Das Fleisch kann man jetzt in der Sauce bis zu 2 Tage im Kühlschrank aufbewahren.

Vor dem Servieren das gehärtete Fett von der Oberfläche abschöpfen, die Knochen gegebenenfalls entfernen. Das Fleisch in der Sauce erhitzen. Die Pinienkerne in 1–2 TL Olivenöl vorsichtig bräunen, die Kapern grob zerkleinern.

Pinienkerne und Kapern zusammen mit den klein geschnittenen Frühlingszwiebeln und der gehackten Petersilie zu dem Fleisch geben und gut mischen.

Die Zitronenschale abreiben, Zitronensaft auspressen und beides einrühren, nochmals abschmecken.

Tipp

Dazu schmecken hervorragend Kartoffeln aus dem Ofen.

Kalbsgeschnetzeltes

mit Steinpilz-Cognac-Sauce

Sollte es keine tiefgefrorenen Steinpilze geben, kann man auch Champignons nehmen. Der Anteil der getrockneten Steinpilze sollte dann aber auf 150 g erhöht werden.

Zutaten

1 kg mageres Kalbsschnitzel
6 EL Tamari-Sojasauce
750 g Schalotten
(ersatzweise weiße Zwiebeln)
500 g Champignons
50 g getrocknete Steinpilze
200 g Butter
1 Knoblauchzehe
1/4 l trockener Weißwein
500 g TK-Steinpilze
100 ml Cognac oder Armagnac
1 TL Estragon
1 TL Majoran
Salz
schwarzer Pfeffer
1 Prise Muskat
1 Prise gemahlener Piment
1 l Sahne
Saft von 1 Zitrone

Zubereitung

Das Kalbfleisch von Fettstücken und Sehnen befreien, leicht flach klopfen, bis die Scheiben alle ca. 1 cm dick sind. Einige Schnitzel aufeinander legen und mit einem scharfen Messer das Fleisch in etwa 1 cm breite Streifen schneiden. Danach die Streifen einmal durchschneiden, damit sie etwa 7-9 cm lang sind. Die Schnitzel in eine Schüssel geben, mit der Sojasauce beträufeln und gut mischen. Beiseite stellen.

Die Schalotten 1 Minute in kochendem Wasser blanchieren, abgießen, abkühlen lassen (die weißen Zwiebeln schälen und grob hacken). Die frischen Champignons halbieren oder (bei größeren Exemplaren) vierteln bzw. achteln. Die getrockneten Steinpilze in Wasser einweichen. Die abgekühlten Schalotten schälen, die großen Exemplare der Länge nach halbieren oder vierteln.

1-2 EL Butter in einer großen Bratpfanne erhitzen und die Fleischstreifen portionsweise bei starker Hitze scharf anbraten, bis sie ringsum gebräunt sind (dies gelingt nur, wenn man genug Platz in der Pfanne hat, sonst läuft der Saft aus und alles kocht, anstatt zu braten). Das Fleisch sofort mit einem Schaumlöffel aus der Pfanne nehmen, beiseite stellen, die nächste Portion braten, wenn nötig mehr Fett zugeben. Wenn das gesamte Fleisch angebraten ist, die Schalotten in die Pfanne geben und langsam schmoren lassen (ca. 15 Minuten), dabei gelegentlich umrühren.

Die Knoblauchzehe schälen und durch die Presse in die Pfanne geben, einmal kurz umrühren, das Fleisch hinzugeben und den Wein angießen und aufkochen lassen. Nochmals gut umrühren und den Bodensatz lösen. Die Hitze reduzieren und die Pfanne zudecken, die Schalotten und das Fleisch 10 Minuten schmoren lassen. Die Steinpilze, noch gefroren, in die Pfanne geben und umrühren, wieder zudecken und bei gelegentlichem Rühren 10 Minuten im eigenen Saft köcheln lassen.

Die Champignons dazugeben und gut mischen, nochmals 5 Minuten zugedeckt schmoren lassen.

Die getrockneten Steinpilze durch ein kleines Sieb abgießen, dabei das Einweichwasser auffangen. Das Einweichwasser durch ein Tuch oder einen Kaffeefilter gießen und erst dann in die Pfanne geben (damit mögliche Sandreste ausgesiebt werden). Die Pilze aus dem gleichen Grund kurz unter Wasser abspülen, danach in die Pfanne geben. Den Cognac dazugießen und mitkochen, bis alles weich geworden ist.

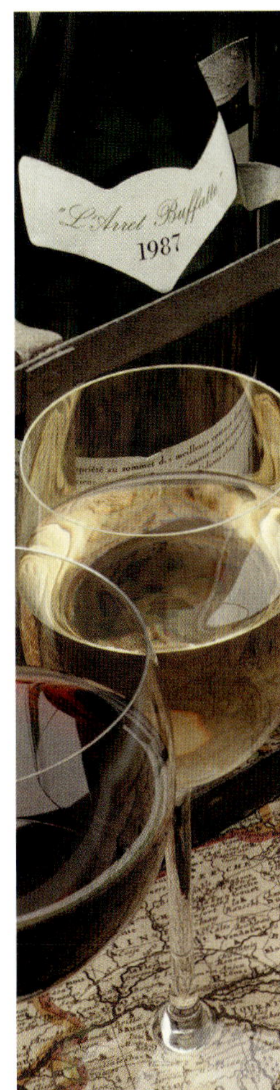

Alles mit dem zerkleinerten Estragon und Majoran, Salz, schwarzem Pfeffer aus der Mühle, Muskat und Piment abschmecken. Sie können das Ganze jetzt abkühlen und über Nacht im Kühlschrank durchziehen lassen.

Vor dem Essen die Fleischmischung auf Zimmertemperatur erwärmen, Sahne darüber gießen und vorsichtig erhitzen, leise köcheln lassen. Nochmals abschmecken. Direkt vor dem Servieren den Zitronensaft einrühren.

Tipp

Kalbsgeschnetzeltes schmeckt am besten mit frischen Bandnudeln, aber Nudeln sind gerade bei einem Büfett ein Problem: Im Voraus gekocht, werden sie pappig und kleben zusammen. Man kann als Alternative die gekochten Nudeln zusammen mit Mohn oder Nüssen in Butter braten. Dann bleiben sie länger schmackhaft und kleben nicht zusammen. Meistens biete ich aber Basmati-Reis, Bratkartoffeln oder Kartoffeln aus dem Ofen an.

Griechische Lammhaxen sind unbeschreiblich lecker, aber sie sind nicht gerade elegant zu handhaben. Sie schmecken nämlich am besten, wenn man sie direkt vom Knochen isst, und das bedeutet meistens klebrige Finger. Wenn dies nicht stört, kann ich das Gericht nur wärmstens empfehlen. Sie können aber auch die Knochen entfernen. Das Gericht sieht dann zwar nicht mehr so schön aus, schmeckt aber immer noch göttlich! Sie benötigen eine große, schwere Kasserolle mit Deckel. Pro Person rechnet man 1 Lammhaxe (Vorderhaxe), ca. 250 g pro Stück.

Lammhaxen

auf griechische Art

Zutaten

10 Lamm-Vorderhaxen (auch gefroren)
Sojasauce
Mehl
Olivenöl
3 Gemüsezwiebeln (ca. 800 g)
1 kg Möhren
10 Lorbeerblätter
5 Zweige frischer Rosmarin
5 Zweige frischer Thymian oder 1 TL getrockneter Thymian
1 l trockener, kräftiger Rotwein
1,5 kg geschälte Tomaten (aus der Dose)
1 TL Salz
15 ganze schwarze Pfefferkörner
6–7 Knoblauchzehen

Zubereitung

Die Lammhaxen – auch in gefrorenem Zustand – mit Sojasauce einreiben, mit ein wenig Mehl bestäuben und in der Kasserolle in heißem Olivenöl ringsum bräunen.

Die Zwiebeln schälen und in dicke Spalten schneiden, die Möhren schälen und in 6–8 cm große Stücke schneiden, beides zum Lamm geben und mitbräunen.

Die Lorbeerblätter, die zerkleinerten Rosmarinzweige und den Thymian dazugeben, den Rotwein einrühren. Tomaten, Salz, Pfefferkörner und die geschälten ganzen Knoblauchzehen zufügen.

Alles gut aufkochen lassen. Dann den Topf gut zudecken und 2–3 Stunden im Ofen bei 180 °C backen, bis das Fleisch ganz weich ist und fast von den Knochen fällt.

Das Lamm kann man in der Sauce bis zu 3 Tage im Kühlschrank aufbewahren. Bevor es wieder erhitzt wird, das Fett von der Oberfläche entfernen, gegebenenfalls das Fleisch von den Knochen schneiden. Das Ganze wieder erhitzen und abschmecken.

Tipp

Servieren Sie dazu Reis, Reispasta (fertige, kleine Nudeln, die wie Reiskörner aussehen) oder Kartoffeln aus dem Ofen.

Lamm mit Paprika und Pinienkernen

Dieses Rezept ist eine elegante und luxuriöse Alternative zu den griechischen Lammhaxen.

Zutaten

1 kg Lammfilet
5 EL Sojasauce
Olivenöl
1 TL Kräuter der Provence
1 Knoblauchzehe
500 g rote Paprika
1 große Gemüsezwiebel (ca. 300 g)
3/4 l trockener Rotwein
6 EL Tomatenmark
1/2 TL Fenchelsamen
1/8 l Pernod oder Ouzo
Salz
Pfeffer
5 Stängel Basilikum
5 Stängel Blattpetersilie
150 g Pinienkerne

Zubereitung

Das Lammfilet in 6 cm große Stücke schneiden, zusammen mit Sojasauce, 5 EL Öl, den Kräutern der Provence und dem durch eine Presse zerdrückten Knoblauch mischen und einige Stunden oder am besten über Nacht ziehen lassen.

Paprika in 4-cm-Stücke schneiden, die Zwiebel grob hacken. Das Lammfleisch mit der Marinade in einer gro-

ßen Pfanne bei starker Hitze in Olivenöl ganz schnell ringsum bräunen, aber nicht durchgaren. Das Fleisch aus der Pfanne nehmen und in einen Topf geben. Die Pfanne mit etwas Rotwein ausspülen und den Wein mit allen Bratresten zum Fleisch geben.
Die Paprika- und Zwiebelstücke in Olivenöl scharf anbraten, bis alles leicht gebräunt, aber nicht ganz weich ist. Das Tomatenmark und den restlichen Rotwein dazugießen, alles aufkochen lassen und nach 3-4 Minuten zum Lamm geben.
Die Fenchelsamen in die Pfanne geben und kurz anschwitzen, mit dem Pernod löschen und zum Lamm geben. Alles gut mischen und mit Salz und Pfeffer abschmecken. Das Fleisch sollte immer noch einen roten Kern haben. Alles für einige Stunden oder über Nacht in den Kühlschrank stellen.
Vor dem Servieren das Fleisch nochmals erhitzen, sanft köcheln lassen, bis das Fleisch heiß und gar, aber innen noch rosa ist. Fein gehacktes Basilikum und zerkleinerte Petersilie über das Ragout streuen.
Pinienkerne in 3 EL Olivenöl in der Pfanne leicht bräunen, über das Ganze streuen.

Tipp

Dazu passt gut ein leichtes Kartoffelgratin.

Kenner behaupten, dass die marokkanische Küche zu den besten der Welt gehört. Sie hat durch die Eroberung Spaniens die Weltküchen beeinflusst. Nicht nur die Nationalgerichte Couscous und Bisteeya (Fleischpastete) sind weltberühmt, sondern auch die vielfältigen Tagines (Schmorgerichte), die mit erstaunlicher Raffinesse gewürzt werden.

Marokkanisches Zitronenhuhn mit Oliven

Zutaten

1 kg Hühnerbrust ohne Haut und Knochen, auch TK
6–8 EL Sojasauce (am besten Tamari)
100 ml Olivenöl
400 g Gemüsezwiebeln
6 Knoblauchzehen
1 EL Ingwer
1 TL Paprika
1 TL gemahlener Kumin
1/2 TL gemahlener schwarzer Pfeffer
1 TL Kurkuma
800 g Tomaten im Saft (aus der Dose)
1 Bund Blattpetersilie
250 g braune Oliven
2 Zitronen
2 eingelegte marokkanische Zitronen (siehe Rezept S. 97)

Zubereitung

Die Hühnerbrüste mit Sojasauce bepinseln und in Olivenöl beidseitig bräunen, aber nicht fertig garen. Die angebratenen Brüste herausnehmen, halbieren oder dritteln, die Fleischstücke in eine Schüssel legen.
Die Zwiebeln schälen, in Scheiben schneiden und in der Bratpfanne in Olivenöl 5 Minuten braten, bis sie weich und leicht gebräunt sind. Knoblauchzehen schälen und durch eine Presse in die Pfanne geben und Ingwer, Paprika, Kumin, schwarzen Pfeffer, Kurkuma dazugeben. Alles kurz durchschwitzen. Die Tomaten einrühren und aufkochen.
Die Sauce über das Huhn geben und gut vermischen. Das Ganze über Nacht in den Kühlschrank stellen und durchziehen lassen.
Am nächsten Tag das Huhn mit der Sauce in einem Topf zum Kochen bringen und 10–12 Minuten köcheln lassen, bis das Fleisch gegart ist. Die zerhackte Petersilie und die Oliven einrühren, Saft von 2 Zitronen auspressen und hineingießen. Die eingelegten Zitronen abspülen, Fruchtfleisch entfernen, die Schale in 1 cm große Würfel schneiden und in den Topf geben. Das Gericht abschmecken und warm halten.

Tipp

Wenn Sie keine eingelegten Zitronen zur Verfügung haben, können Sie den Saft und die abgeriebene Schale von einer frischen Zitrone zufügen. Servieren Sie das Gericht mit Basmati-Reis oder Persischem Reissalat.

Eingelegte marokkanische Zitronen

Eine unentbehrliche Zutat in der Küche Marokkos sind die in Salz eingelegten Zitronen. Sie werden stets zu Couscous serviert. Ich verwende sie inzwischen überall, wo ein pikanter Zitronengeschmack notwendig ist.

ca. 12 Zitronen, am besten mit dicker, weicher unbehandelter Schale
500 g Salz
1 großes Weckglas

Die Zitronen in Achtel schneiden. 2 EL Salz in das Glas geben. Die Zitronenachtel in Salz wenden, in dem Glas schichten und mit einem Kartoffelstampfer festdrücken. Wenn keine Zitronen mehr hineinpassen, die restlichen Zitronen entsaften und das Glas mit Saft bis zum oberen Rand füllen. Nochmals 2 EL Salz obendrauf streuen, das Glas schließen.
2 Wochen bei Zimmertemperatur stehen lassen, dabei das Glas öfters rütteln. Wenn die Zitronenschalen weich sind (je nach Zitronensorte 2–8 Wochen), kann man sie verwenden.
Sie halten 6 Monate lang.

Hähnchentorte mit Speck-Kräuter-Kruste

Wenn Sie die Möglichkeit haben, vom Bauern in der Region eine frisch geschlachtete Legehenne zu bekommen, können Sie aus dem sehr schmackhaften Fleisch ein wunderbares Hühnerragout zubereiten, das unter einer robusten Teigdecke liegt und gefüllt mit Gemüse vor sich hin dampft. Natürlich sind auch Hühnerbrüste und -beine aus dem Supermarkt geeignet. Die Fleischmischung können Sie im Voraus zubereiten und kurz vor dem Servieren mit dem Teigdeckel zu Ende backen. Eine weitere Beilage ist bei diesem Gericht nicht nötig.

Zutaten

2 kg Hühnerteile mit Knochen
3 l Wasser
1/2 l Weißwein
10 schwarze Pfefferkörner
4 Lorbeerblätter
1 kg Fenchel
500 g Möhren
1,5 kg Kartoffeln
1 Gemüsezwiebel
2 Knoblauchzehen
1 Bund Blattpetersilie
3/4 TL Fenchelkörner
100 g Butter
100 g Mehl
250 ml Crème fraîche oder Schmand
Salz
2–3 TL frischer Estragon

Für die Kruste:
6 Scheiben Frühstücks-Bacon
250 g Mehl
1 TL Backpulver
1 TL Salz
1/4 l Sahne
1 Eigelb
1 EL Milch

Zubereitung

Hühnerteile in einen Topf mit Wasser legen. Wein, Pfefferkörner und Lorbeerblätter dazugeben, zum Kochen bringen. Hitze reduzieren und 15 Minuten köcheln, bis die Hühnerbrüste gar sind. Die Brüste herausnehmen und beiseite stellen. Restliches Huhn so lange kochen, bis das Fleisch von den Knochen fällt, abkühlen lassen. Das Fleisch von den Knochen und der Haut befreien, beiseite stellen.

Vom Fenchel die Stiele und harten Wurzelteile abtrennen, die Knollen in 2 cm breite Querscheiben zerkleinern. Möhren schälen und in 5 cm große Stücke schneiden, mit den Kartoffeln genauso verfahren. Gemüsezwiebel schälen, in feine Ringe schneiden. Das Gemüse zur Brühe geben und sanft köcheln, bis es gar ist (bissfest). Die Brühe durch ein Sieb gießen und auffangen. Das Gemüse zum Hühnerfleisch geben. Den Knoblauch schälen und fein hacken, die Petersilie ebenfalls hacken und zusammen mit den Fenchelkörnern zu der Hühnerfleisch-Mischung geben.

Die Brühe nochmal erhitzen und bis auf 1/2 l einkochen. In einem Topf die Butter schmelzen. Mehl hineingeben und verrühren. Langsam die eingekochte Brühe mit dem Schneebesen einrühren und köcheln, bis eine sämige Sauce entsteht. Crème fraîche oder Schmand einrühren, mit Salz und fein gehacktem Estragon würzen. Die Sauce zu der Hühnerfleisch-Mischung geben und alles gut vermengen. Die Fleischmischung kann jetzt über Nacht im Kühlschrank aufbewahrt werden.

Am Tag der Fete den Teig herstellen: Baconscheiben in einer kalten Bratpfanne langsam ausbacken, bis sie kross sind. Auf Küchenkrepp abtropfen lassen, fein zerbröseln. Mehl, Backpulver und Salz in einer Schüssel mischen. Das Baconfett aus der Pfanne und die Sahne darüber träufeln und mit einer Gabel leicht rühren, bis die Mischung einen Teig bildet. Baconbrösel dazugeben. Nicht zu viel rühren, weil der Teig sonst hart wird. Den Teig auf einer bemehlten Arbeitsfläche zu einem 1 cm dicken Kreis oder Viereck ausrollen; wenn der Teig zu klebrig ist, Backpapier verwenden.

Das Hühnerragout eine Stunde vor dem Servieren in eine Form geben. Den Teig wie Tortenstücke zu Dreiecken schneiden und die Stücke auf das Ragout setzen. Eigelb und Milch mischen und den Teig damit leicht bepinseln. Alles 20–25 Minuten bei 180 °C im Ofen backen, bis der Teig goldbraun und aufgeblasen ist.

Schmortöpfe vom Rind

Schmortöpfe gehören zu den beliebtesten Partygerichten, weil sie fast jedem munden und das Fleisch auch nach Stunden auf einem Rechaud nicht austrocknet. Dazu kommt, dass sie sehr einfach zu kochen sind.

Huatia

Das ist ein Kräuter-Schmortopf aus der peruanischen Küche, der einen wunderbaren Duft verbreitet. Versuchen Sie so viele frische Kräuter wie möglich auf dem Markt zu bekommen.

Zutaten

100 ml Weißwein-Essig
1 TL gemahlener Kumin
1–3 scharfe grüne Chilischoten
9 EL Olivenöl
200 ml Wasser
2 kg Rindergulasch
2 EL Mehl
1 kg Zwiebeln
1 Bund frische Minze
1 Bund frischer Thymian
1 Bund frischer Rosmarin
1 Bund frischer Oregano
1 großer Bund frische Blattpetersilie
1 Bund frischer Koriander
2 kg Süßkartoffeln
oder mehlige Kartoffeln
Salz

Zubereitung

Essig, Kumin, die der Länge nach halbierten und entkernten Chilis, 4 EL Öl und 200 ml Wasser im Mixer pürieren. Fleisch in eine Schüssel geben, zusammen mit der Essigmischung verrühren und über Nacht zugedeckt im Kühlschrank ziehen lassen.

Am nächsten Tag Zwiebeln schälen, vierteln, in einen großen, ofenfesten Topf geben. Kräuterbünde ungeschnitten hinzugeben. Das Fleisch abtropfen lassen, mit Mehl bestäuben, in Öl in einer Pfanne kurz bräunen. Mit der Marinade löschen, Fleisch und Marinade über Zwiebeln und Kräuter verteilen. Topf fest schließen und alles im Ofen bei 180 °C 2–3 Stunden backen, bis das Fleisch weich ist. Die geschälten Kartoffeln in große Stücke schneiden, zusammen mit Salz und restlichem Öl mischen, in einen zweiten Topf geben, zudecken und 1 Stunde backen. Kräuter entfernen, Fleisch mit Sauce zu den Süßkartoffeln servieren.

Wie der Name sagt, soll dieses französische Schmorgericht mit Burgunderwein zubereitet werden.

Boeuf Bourgignon

Zutaten

400 g fetter Speck (am besten norditalienischer Speck)
Olivenöl
2 kg Rindergulasch
1 kg Möhren
2 große Gemüsezwiebeln (ca. 400 g)
Mehl
3/4 l trockener kräftiger Rotwein (Burgunder, Chianti, Merlot)
1/2 l Rinderbrühe
1/2 l Tomatenpüree
Salz
Pfeffer
2 Knoblauchzehen
1 TL getrockneter Thymian oder 1 Bund frischer Thymian
3–4 Lorbeerblätter
500 g kleine Zwiebeln
500 g Champignons
etwas Petersilie

Zubereitung

Den Speck in etwa 1 cm breite Streifen schneiden. Die Streifen in einem Topf mit kaltem Wasser ansetzen, ca. 10 Minuten kochen und abgießen. Die Speckstreifen auf Küchenkrepp abtrocknen lassen. Dann die Speckstreifen in eine große Kasserolle geben und bei milder Hitze etwa 5 Minuten braten, bis sie leicht gebräunt sind. Speckstreifen mit einem Schaumlöffel herausnehmen, beiseite stellen. 1 EL Olivenöl zu dem ausgebratenen Speckfett geben. Rindfleisch in der Fett-Öl-Mischung ringsum anbräunen, herausnehmen und zu den Speckstreifen legen.

Die Möhren schälen und in 4 cm große Stücke schneiden, Gemüsezwiebeln schälen und in dicke Ringe schneiden. Beides in dem Fett braten, bis alles leicht gebräunt ist. 2–3 EL Mehl über das Gemüse sprenkeln und gut mischen. Fleisch und Speck zu dem Gemüse geben. Wein, Brühe und Tomatenpüree einrühren und alles kräftig mischen. Das Ganze mit Salz und Pfeffer würzen, die geschälten Knoblauchzehen fein hacken und zusammen mit den Thymianzweigen oder dem getrockneten Thymian und den Lorbeerblättern zum Fleisch geben. Alles auf der Kochplatte bei kleinster Hitze oder im Ofen bei 180 °C zugedeckt 2–3 Stunden schmoren, bis das Fleisch weich ist, gelegentlich rühren und mehr Flüssigkeit zugießen.

Inzwischen die kleinen Zwiebeln blanchieren, schälen und in Olivenöl anbräunen, mit etwas Brühe aus dem Fleischtopf zudecken und weich köcheln lassen. Die Champignons vierteln und ringsum in etwas Öl anbraten. Zwiebeln und Champignons zum Fleisch geben und gut mischen, 15–20 Minuten weiterkochen.

Das Gericht kann jetzt über Nacht (bis zu 2 Tage haltbar) im Kühlschrank ziehen. Vor dem Servieren wieder erhitzen, abschmecken und mit gehackter Petersilie bestreuen.

Tipp

Zu diesem Gericht passen hervorragend Pellkartoffeln.

Rinderfilet

mit Senf-Sahne-Sauce

Rinderfilet ist eine der zartesten Fleischsorten und neigt schnell dazu auszutrocknen. Daher muss man sehr aufpassen, dass das Fleisch nicht zu lange warm gehalten wird und innen rosig bleibt. Rinderfilet ist eigentlich nichts für ein Büfett, bei dem man alles im Voraus zubereiten will. Aber der Geschmack ist so wunderbar, dass ich hier eine Ausnahme mache.

Zutaten

2 Rinderfilets (2,5 kg)
Tamari-Sojasauce
schwarzer Pfeffer
5 EL Butter
10 Bund Frühlingszwiebeln (ca. 50 Zwiebeln)
5 EL Olivenöl
1/4 l Cognac oder ein anderer trockener Weinbrand
5 EL Dijon-Senf
3/4 l Sahne
Salz

Zubereitung

Von den Filets die feinen Spitzen abtrennen. (Sie können für eine spätere Steakmahlzeit verwendet werden.) Die Filets mit Sojasauce einreiben, mit sehr viel grob gemahlenem, schwarzem Pfeffer aus der Mühle würzen, dabei den Pfeffer gut ins Fleisch einreiben. Die Filets in einer großen Pfanne in Butter ringsum scharf anbraten, gut bräunen, aber keinesfalls durchgaren. Das Fleisch beiseite stellen (auch über Nacht in den Kühlschrank).

Die Wurzeln und die Hälfte des Grüns von den Frühlingszwiebeln entfernen. Dann die Frühlingszwiebeln in ungefähr 10 cm lange Stücke schneiden und in eine Pfanne mit Öl geben. Die Zwiebeln ringsum braten und leicht bräunen. Cognac eingießen und 2-3 Minuten einkochen.

Den Senf und die Sahne mischen, in die Pfanne geben und mit Salz würzen, alles kurz durchkochen. Die Sauce aus der Pfanne in eine Schüssel geben, die Pfanne dabei gut auskratzen. Die Sauce in den Kühlschrank stellen, wo sie auch über Nacht bleiben kann.

Die Filets eine Stunde vor dem Essen in eine Form legen, die Zwiebelsauce darüber gießen. Im Ofen bei 170 °C ca. 1/2 Stunde garen, das Fleisch darf nicht durchgegart sein. Das Gericht aus dem Ofen nehmen und servieren, aber, wie schon erwähnt, nicht lange warm halten!

Westindisches Rindfleisch

mit Ingwer und Piment

Piment ist ein Gewürz, das ursprünglich aus Jamaika stammt. Auch heute wird es dort noch angebaut. Die braunen Beeren, die wie große Pfefferkörner aussehen, schmecken wie eine Mischung aus Nelken, Zimt und Muskat, daher ihr englischer Name »allspice«. Auf vielen westindischen Inseln wird Piment nicht nur (wie bei uns) für süßes Weihnachtsgebäck verwendet, sondern auch zum Würzen von Fleisch.

Zutaten

2 kg Rindergulasch
Mehl
3 EL Butter
300 g Gemüsezwiebeln
200 g gekochter Schinken
300 g Tomaten
1 TL Thymian
3 Lorbeerblätter
5 Knoblauchzehen
4 Nelken
20 Pimentkörner
1 frische Ingwerwurzel (6 cm)
1 TL Kuminkörner
Salz
1/4 l Fleischfond (auch aus dem Glas)
1/4 l Kokosmilch (aus der Dose)
500 g Möhren
100 g grüne, gefüllte Oliven
50 g Rosinen
1/4 l süße Sahne
Saft von 2 Limetten oder 1 Zitrone
etwas Petersilie

Zubereitung

Gulasch mit etwas Mehl bestäuben und in der Butter ringsum bräunen. Die Gemüsezwiebeln schälen und fein hacken, zusammen mit dem klein geschnittenen Schinken zum Fleisch geben und 2-3 Minuten mitbräunen. Die gehackten Tomaten unterrühren. Thymian, Lorbeerblätter, den geschälten und zerstoßenen Knoblauch, Nelken, Pimentkörner, die geschälte und fein gewürfelte Ingwerwurzel, Kuminkörner und Salz hinzufügen. Das Ganze mit Fleischfond und Kokosmilch auffüllen.

Die Möhren schälen und in 3 cm große Stücke schneiden. Die Möhrenstücke zusammen mit den Oliven und den leicht zerhackten Rosinen in den Fleischtopf geben. Den Topf zudecken und 2-3 Stunden köcheln lassen, bis das Fleisch weich ist, wenn nötig Wasser zugießen.

Man kann das Gericht jetzt über Nacht im Kühlschrank ziehen lassen.

Vor dem Servieren wird es wieder zum Kochen gebracht. Sahne einrühren, Limettensaft darüber träufeln und das Gericht sofort servieren.

Tipp

In Asienläden kann man Kokosmilch als Milchpulver oder in der Dose kaufen. Man kann sie aber auch selbst aus ungesüßten Kokosraspeln herstellen, etwa wie schwarzen Tee:

Auf 500 g ungesüßte Kokosraspeln gießt man 1/2 l Wasser und bringt das Ganze zum Sieden. Abkühlen lassen. Ein Sieb mit einem Tuch auslegen, die Kokosmasse eingießen und die Flüssigkeit auffangen.

Kokosmasse in dem Tuch auswringen und die Milch bis zum letzten Tropfen auffangen.

Chili con Carne in drei Variationen

Es gibt Amerikaner, besonders aus Texas oder Kansas, die Wutanfälle bekommen, wenn man ihnen schlechte Chili con Carne serviert. Richtige Chilifanatiker können stundenlang über die korrekte Art, Chili zu kochen, diskutieren. Ich bin selbst zwar keine Chilifanatikerin, aber es tut mir auch im Herzen weh, wenn ich sehe, was oft als Chili con Carne serviert wird.

Die erste Regel für ein gutes Chili con Carne ist: kein Hackfleisch verwenden! Ein echtes Chili wird aus ungefähr 2 cm großen Rindfleischwürfeln (oder aus Schweinefleich, Kaninchen, Puter oder Huhn) gekocht. Die Fleischwürfel werden kurz angebraten und erst einmal aus dem Topf genommen. Danach werden Zwiebeln und Knoblauch im selben Fett angebraten. Das Fleisch kommt dann mit der Flüssigkeit wieder in den Topf, um dort einige Stunden ohne Deckel zu köcheln.

Auf diese Art kocht man das zäheste Fleisch weich, und die Zutaten können sich gut verbinden.

Die roten Bohnen, die traditionell zum Chili gegessen werden, kommen erst am Ende des Kochvorgangs dazu; man kann sie auch getrennt servieren.

Chili ist ideal als Partygericht, weil es Tage im Voraus zubereitet werden kann und erst nach 2-3 Tagen so richtig gut schmeckt.

Es ist in Deutschland schwierig, das richtige Chilipulver zu bekommen. Meist muss man sich mit standardisierter »Chili-Gewürzmischung« begnügen. Aber man kann frische scharfe Chilischoten verwenden, um das »Feuer« anzukurbeln.

Klassischer Texas-Chili

Zutaten

2 kg Rindergulasch
2 EL Salz oder 4 EL Sojasauce
4 EL Olivenöl
2 mittelgroße Zwiebeln
4 Knoblauchzehen
1-3 frische Chilischoten (nach Geschmack)
1/2 l Rinderbrühe
1/4 l Wasser
3 EL mildes Chilipulver
oder 2 EL Chili-Gewürzmischung
1 EL Kuminkörner
2 EL Oregano
1 TL gemahlener Zimt
Cayennepfeffer
1-2 EL Maismehl

Zubereitung

Die 2 cm großen Fleischstücke salzen oder mit Sojasauce einreiben und ca. 15 Minuten in 2 EL Olivenöl dünsten, bis das Fleisch grau, aber nicht gebräunt ist. Die Fleischstücke beiseite stellen.

Die Zwiebeln und Knoblauchzehen schälen und fein zerhacken. Chilischoten entkernen und zerschneiden.

Alles zusammen in einer Bratpfanne in 2 EL Öl ca. 10 Minuten dünsten, bis alles weich ist. Die Zwiebelmischung zu dem Fleisch in den großen Topf geben. Brühe, Wasser, Chilipulver, den gerösteten und zermahlenen Kumin, Oregano, Zimt und Cayennepfeffer hinzugeben. Das Ganze zum Kochen bringen. Die Hitze auf die kleinste Stufe reduzieren und alles ca. 1,5 Stunden köcheln lassen, dabei häufiger umrühren.

Damit nichts anbrennt, kann etwas Wasser dazugegeben werden.

Wenn das Fleisch gar ist, den Chili mit Maismehl leicht eindicken, nochmals 5 Minuten köcheln.

Dazu serviert man Chilibohnen (können nochmals 10 Minuten mitgekocht werden) und Reis oder Maisbrot.

Tipp

Das Wasser für diesen Chili kann man auch durch Tomatenpüree ersetzen oder ergänzen.

Ob Tomaten allerdings in Chili gehören, ist sehr umstritten.

Das ist ein mexikanisches Chiligericht, das auch mit Puter zubereitet werden kann.

Hähnchenchili

mit Cashewkernen

Zutaten

3 rote Paprika
200 g Cashewnuss-Kerne
1 Prise Cayennepfeffer
1/4 l Hühnerbrühe
2 Gemüsezwiebeln (ca. 400 g)
3 Knoblauchzehen
Olivenöl
3 kg Hühnerteile mit Knochen (Brust, Beine, Flügel)
1 EL gemahlener Kumin
1 EL Chilipulver oder Chili-Gewürzmischung
1 TL Salz
Tomaten aus der Dose (ca. 800 g)
1 TL Korianderkörner
2 EL Kakaopulver (ungesüßt)
1–2 Dosen weiße Bohnen (ca. 600 g)

Zubereitung

Die Paprikaschoten leicht einölen, auf ein Backblech legen und im Ofen bei 180 °C etwa 20–30 Minuten backen, bis sie leicht gebräunt sind und die Haut Blasen wirft. Die Schoten herausnehmen, mit einem feuchten Küchentuch bedecken und abkühlen lassen. Die Haut abziehen, Stiele und Kerne entfernen. Paprika zusammen mit Cashewkernen, Cayennepfeffer und Brühe pürieren.

Zwiebeln schälen und grob hacken, Knoblauchzehen schälen und fein zerstoßen. Zwiebeln und Knoblauch in einem großen, schweren Topf in Olivenöl braten, bis alles weich und leicht gebräunt ist.
Hühnerteile, Paprikapüree, Kumin, Chilipulver, Salz und die gehackten Tomaten zu der Zwiebel-Knoblauch-Mischung geben und alles gut mischen. Den Topf zudecken und 30–40 Minuten köcheln lassen, bis das Hühnerfleisch von den Knochen fällt. Abkühlen, Knochen entfernen.
Die restlichen Cashewkerne in 2–3 EL Olivenöl leicht bräunen, den frisch gemahlenen Koriander dazugeben und 1 Minute mitbraten, ungesüßtes Kakaopulver dazugeben. Alles zum Hühnerfleisch geben und nochmals abschmecken.
Das Ganze kann man jetzt über Nacht im Kühlschrank ziehen lassen.
Kurz vor dem Servieren 1 oder 2 Dosen weiße Bohnen aus der Dose abspülen, abtropfen lassen und dazugeben. Alles zusammen nochmals aufkochen, abschmecken und sofort heiß servieren.

Tipp

Dazu passt »Spoonbread« (siehe Rezept S. 139).

Chili-Lasagne

mit Tortillas

Wenn Sie irgendwo echte Maistortillas kaufen können, sollten Sie sie für dieses Gericht verwenden. Aber auch mit Tacos (Maischips) schmeckt das Gericht gut, und die kann man inzwischen fast überall kaufen.

Zutaten

2 mittelgroße Zwiebeln (ca. 250 g)
1 rote Paprika
5 Knoblauchzehen
Olivenöl
1 kg Hühnerbrust ohne Haut und Knochen
1 EL Chili-Gewürzmischung
1 EL gemahlener Kumin
1 EL Korianderkörner
1 TL schwarzer Pfeffer
Salz
1 Prise Cayennepfeffer
2 EL Apfelessig
1/2 Flasche Pils
1 Dose Kidney-Bohnen
5 EL Hot Ketschup
Pfeffer
12 Maistortillas
oder 1 große Tüte Maischips (500 g)
250 g Gouda
150 g Parmesan
2–3 Tomaten
4–5 EL saure Sahne

Zubereitung

Zwiebeln schälen und klein schneiden, Paprika und den geschälten Knoblauch hacken und alles zusammen in 3 EL Olivenöl in einer großen Pfanne braten, bis die Mischung weich und leicht gebräunt ist.

Das Hühnerfleisch in 2 cm große Würfel schneiden und dazugeben, Chili-Gewürzmischung, gemahlener Kumin, frisch gemahlene Korianderkörner, frisch gemahlener Pfeffer, Salz und Cayennepfeffer zugeben und einrühren, 2–3 Minuten mitbraten. Essig und die Hälfte des Bieres dazugießen und alles ca. 5 Minuten ohne Deckel köcheln lassen.

Das Hühnerfleisch mit einem Löffel herausnehmen, in eine Schüssel legen. Die Sauce 5–6 Minuten weiterköcheln lassen, bis sie leicht eingedickt ist. Die Sauce zum Hühnerfleisch geben und durchmischen.

Die gut abgespülten und abgetropften Kidney-Bohnen zusammen mit der übrig gelassenen Hälfte Bier und dem Ketschup in die Pfanne geben und zum Kochen bringen, mit einer Gabel die Bohnen zerdrücken und solange mischen, bis ein grobes Püree entstanden ist.

Mit Salz und Pfeffer würzen und beiseite stellen.

Die Maischips kurz unter fließendem Wasser abspülen (um Salz zu reduzieren und damit die Chips weich werden), abtropfen lassen. Eine Schicht Maischips in eine Auflaufform legen. Die Hälfte der Bohnenmischung darüber verteilen und glatt drücken und die Hälfte der Hühnermischung darüber geben. Ein Drittel des geriebenen Goudas und Parmesans darüber streuen. Mit einer zweiten Schicht Maischips abdecken, nochmals Bohnenpüree, Hühnerfleisch und Käse darauf verteilen, mit den restlichen Maischips bedecken und den restlichen Käse darauf streuen. Tomatenscheiben und saure Sahne in Klecksen darüber verteilen.

Das Ganze 1/2 Stunde im Ofen bei 180 °C backen. Nach dem Abkühlen kann die Lasagne über Nacht im Kühlschrank ziehen.

Vor dem Servieren nochmals etwa 15 Minuten im Ofen bei 170 °C goldbraun und knusprig backen.

Tipp

Servieren Sie die Lasagne mit einem knackigen Salat und einer Schale mit einigen scharfen, eingelegten Chilischoten für die »Feuerschlucker« unter Ihren Gästen.

Für dieses Gericht können Sie entweder Schweinegulasch mit einer längeren Kochzeit nehmen oder Schweinefilet, wobei das Ganze dann nur ganz kurz gekocht werden darf. Als Beilage passen Süßkartoffeln oder Möhren mit Kartoffeln.
Ich habe das Gericht auch einige Male mit Putenschenkel-Fleisch gemacht, und es hat auch hervorragend geschmeckt.

Peruanisches Schweinefleisch in Orangensauce

Zutaten

1/4 l Weißwein-Essig
1 EL mildes Paprikapulver
1 TL Kuminkörner
2 Knoblauchzehen
Salz
1/2 TL schwarzer Pfeffer
1 TL Pimentkörner
1,5 kg Schweinefleisch
Mehl
Olivenöl
400 g Gemüsezwiebeln
1/4 bis 1/2 l Wasser
1/2 l Orangensaft
1/4 l Zitronensaft
6–7 große Süßkartoffeln (ca. 2 kg)
oder 1 kg Möhren und 1 kg Kartoffeln
100 g Butter

Zubereitung

Das Schweinefleisch in 4-cm-Würfel schneiden. Den Essig mit Paprikapulver, den gemahlenen Kuminkörnern, den durch eine Presse gedrückten Knoblauchzehen, 1 TL Salz, gemahlenen schwarzen Pfeffer und den frisch gemahlenen Pimentkörnern zu dem Fleisch mischen und mehrere Stunden oder eine ganze Nacht marinieren.
Das Fleisch aus der Marinade nehmen, abtropfen lassen, mit etwas Mehl bestäuben und in einer großen Bratpfanne in Olivenöl ringsum bräunen. Fleisch herausnehmen.
Die Zwiebeln schälen und in 4 cm große Stücke schneiden, im Fleischfett braten, bis die Stücke leicht gebräunt sind. Das Fleisch wieder in die Pfanne geben, die Marinade eingießen, mit Wasser auffüllen und köcheln lassen, bis das Fleisch weich ist (Schweinefilet nur 1/4 l Wasser und 10 Minuten, Gulasch etwa 1/2 l Wasser und bis zu 45 Minuten). Den frischen Orangensaft und den Zitronensaft einrühren und 5–10 Minuten weiterköcheln.
Inzwischen die Kartoffeln schälen und in Scheiben schneiden (Möhren schälen und in Scheiben schneiden) und zusammen mit der Butter mischen, mit Salz bestreuen, in einer flachen, ofenfesten Form schuppenartig auslegen. Das Ganze zugedeckt im Ofen bei 180 °C etwa 1/2 Stunde backen. 1/4 l von der Fleischsauce mit Saft darüber träufeln und nochmals ohne Deckel 10 Minuten backen, bis alles weich und gebräunt ist.

Schweinefleisch ist nicht sonderlich teuer, aber die »Schrumpfgefahr« ist groß. Deswegen sollten Sie bei Schweinegerichten immer etwas mehr Fleisch pro Person rechnen.

Schweinefilet

mit Äpfeln in Calvadossauce

Zutaten

2 kg Schweinefilet
8 EL Tamari-Sojasauce
3–4 EL Mehl
Butter zum Dünsten
400 g Gemüsezwiebeln
1 Bund frischer Salbei
500 g säuerliche Äpfel
1 TL Salz
1/4 l Calvados
1/4 l trockener Weißwein
1 l Sahne
150 g Backpflaumen ohne Stein
Saft einer Zitrone

Peruanisches Schweinefleisch in Orangensauce

Zubereitung

Die Schweinfilets in 5–6 cm große Stücke schneiden, mit Sojasauce einreiben, mit Mehl bestäuben, in einer großen Kasserolle in 4 EL Butter ringsum anbräunen. Das Fleisch aus dem Topf nehmen, beiseite stellen.
Zwiebeln schälen, in Spalten wie bei einer Apfelsine schneiden und in Butter anbraten, bis sie leicht gebräunt sind. Die abgezupften Salbeiblätter und die geschälten und in Spalten geschnittenen Äpfel dazugeben, mit Salz bestreuen und zusammen etwa 5 Minuten braten.
Calvados dazugießen und bei starker Hitze rasch einkochen. Weißwein eingießen und die Hitze reduzieren, alles ungefähr 5 Minuten bei milder Hitze köcheln lassen.
Die Filetstücke wieder in die Kasserolle geben und mit der Sauce vermischen, das Ganze 10 Minuten köcheln lassen. Sahne zufügen und nochmals 10 Minuten köcheln.
Die steinlosen Backpflaumen halbieren oder dritteln, in die Kasserolle geben und das Ganze einige Stunden oder über Nacht im Kühlschrank ziehen lassen.
Vor dem Servieren das Gericht wieder erhitzen und mit Zitronensaft und Salz abschmecken.

Tipp

Obwohl auch die edlen Teile von Schweinefleisch nicht so schnell austrocknen, sollte es nicht allzu lange warm gehalten werden.

Wenn Sie kein Kaninchen-rücken-Filet bekommen, können Sie dieses delikate Gericht auch mit Hähnchenbrust-Filets zubereiten.

Kaninchen

in Zitronen-Thymian-Sahne

Zutaten

Olivenöl
1 große Gemüsezwiebel (ca. 300 g)
250 g Champignons
1 Knoblauchzehe
1 kg Kaninchenrücken-Filet
oder 1 kg Hähnchenbrust-Filet
4 EL Tamari-Sojasauce
4 EL Mehl
1 Bund frischer Thymian
oder 2-3 EL getrockneter Thymian
1/4 l trockener Weißwein
1/4 l Sahne
1 Glas eingelegte Artischockenherzen (ca. 400 g)
Schale von 1 unbehandelten Zitrone
100 g schwarze reife Oliven
Salz
Pfeffer
Saft von 2 Zitronen (ca. 6 EL)

Zubereitung

In einer großen Pfanne oder Kasserolle 2-3 EL Olivenöl erhitzen. Die Zwiebel schälen und grob hacken. Die Zwiebelstücke im Öl dünsten, bis sie weich und leicht gebräunt sind.

Champignons in dicke Scheiben schneiden, Knoblauch schälen und durch die Presse drücken. Beides zu den Zwiebeln geben und ca. 5 Minuten mitdünsten lassen. Das Gemüse aus der Pfanne nehmen und beiseite stellen.

Das Fleisch mit der Sojasauce beträufeln und gut mischen, mit Mehl panieren, weitere 2-3 EL Öl in der Pfanne erhitzen und das Kaninchen darin ringsum bräunen. Das Zwiebelgemisch, Thymian, Weißwein und Sahne einrühren, aufkochen, bei geringer Hitze 10 Minuten köcheln, häufiger wenden. Das Fleisch sollte gar sein, in der Mitte noch leicht rosa.

Die Artischocken, die Zitronenschale und die Oliven einrühren, salzen, pfeffern und gut mischen.

Das Kaninchen einige Stunden im Kühlschrank oder über Nacht ziehen lassen.

Das Gericht dann wieder sanft erwärmen, Zitronensaft einrühren und abschmecken.

Kabili-Reistopf

aus Afghanistan

Zutaten

1 kg Lammkeule oder Schulterstück vom Rind (ohne Knochen)
1 kg Hühnerschenkel (ohne Knochen)
Olivenöl
500 g Gemüsezwiebeln
1/2 l Wasser
Salz
1 TL Kardamonkörner
1/2 TL schwarze Pfefferkörner
5 Nelken
1 TL Kuminkörner
1/2 TL gemahlener Zimt
1 kg Basmati-Reis
500 g Möhren
1 TL Zucker
100 g Rosinen
100 g Mandelstifte
50 g Pistazien

Zubereitung

Lamm- oder Rindfleisch und Huhn in 5–6 cm Stücke teilen. In einem großen Topf 1/8 l Olivenöl erhitzen. Die geschälten und grob gehackten Zwiebeln hinzugeben und anbraten, bis sie leicht gebräunt sind. Das Fleisch zufügen und ringsum leicht bräunen. 1/2 l Wasser zugießen, 1 TL Salz einrühren und zum Kochen bringen.

Kardamon- und Pfefferkörner, Nelken und Kuminkörner in einer Pfanne leicht rösten, in der Kaffeemühle frisch mahlen, zusammen mit dem Zimt in den Topf geben und mischen. Alles köcheln, bis das Fleisch gar ist (wenn Sie Rind und Huhn nehmen, das Rind zunächst 1 Stunde köcheln, bevor das Huhn dazugegeben wird). Das Fleisch aus dem Topf nehmen und beiseite stellen. Die Sauce auf 1/2 l einkochen und wieder über das Fleisch geben.

Inzwischen den Basmati-Reis in 1,5 l Salzwasser zum Kochen bringen, zudecken und 10 Minuten bei kleinster Hitze ausquellen lassen, vom Herd nehmen und den Reis 10 Minuten ziehen lassen. Den Reis auf einem Backblech ausbreiten und abkühlen lassen, damit die Körner nicht zusammenkleben.

Die Möhren schälen, der Länge nach in dünne Scheiben schneiden, die Scheiben in Querstreifen schneiden. Die Stifte in eine große Pfanne geben, mit Zucker und 5 EL Olivenöl schmoren, bis sie leicht gebräunt sind. Möhren aus der Pfanne nehmen, in eine Schüssel geben. 1 EL Öl in die Pfanne geben und die Rosinen darin braten, bis sie sich aufplustern. Die Rosinen zu den Möhren geben. Nochmals 1 EL Öl in die Pfanne geben und die Mandelstifte braten, bis sie leicht gebräunt sind, danach die Pistazienkerne kurz braten, alles zusammen mit dem Öl zu den Möhren geben.

Das Fleisch in einen großen Bräter geben, die Sauce darüber gießen. Die Hälfte der Möhrenmischung zusammen mit dem Reis verrühren und über das Fleisch häufen, die Oberfläche zu einer gewölbten Kugel formen. Restliche Möhrenmischung über die Kugel verteilen. (Man kann das Ganze, mit Plastikfolie zugedeckt, über Nacht in den Kühlschrank stellen und ziehen lassen.) Das Gericht ohne Deckel in den Ofen stellen und 20–30 Minuten bei 170 °C backen, bis die Oberfläche leicht gebräunt ist.

Tipp

Dazu serviert man einfachen Jogurt und scharfe, eingelegte Chilis.

Während eines Aufenthalts in Afghanistan vor mehreren Jahren habe ich dieses Reisgericht häufig gekostet und war immer wieder begeistert. Es wird auf einer großen Platte serviert und zuerst sieht man nur eine große, weiße Kugel aus Reis. Wenn man mit dem Löffel in diese Kugel hineinsticht, entdeckt man mehrere Fleischsorten und nimmt einen göttlichen Duft wahr. Aus der Reiszubereitung habe ich das Rezept für »Persischen Reissalat« entwickelt; die Afghanische und Persische Küche sind stark miteinander verwandt. Kabili-Reis ist eines der schmackhaftesten Gerichte der Weltküche!

FISCHGERICHTE

Fischgerichte für ein Büfett sind immer problematisch. Fisch kann meistens nur kurze Zeit warm gehalten werden, er wird schnell hart und trocken. Wenn der Fisch nicht frisch ist, kann man ihn auch nicht sehr lange aufbewahren. Ich kenne nur sehr wenige Fischgerichte, die dieses Problem dadurch umgehen, dass der Fisch erst in den letzten Minuten in der Sauce gart.

Für Sie als Gastgeber bedeuten diese Gerichte natürlich etwas mehr Arbeit, noch kurz bevor Ihre Gäste kommen. Aber glauben Sie mir, die Mühe lohnt sich wirklich!

LACHS UND BROKKOLI

mit Mandelkruste

ZUTATEN

10 frische oder TK-Lachsfilet-Stücke, je 100 bis 125 g
Olivenöl
1 kg Brokkoli
250 g Doppelrahm-Frischkäse
200 g Butter
100 ml Sahne
1–2 Bund Schnittlauch
Saft von 1–2 Zitronen (ca. 5 EL)
2 TL Kurkuma
Salz
Pfeffer
150 g Mandelblätter

ZUBEREITUNG

Die Lachsfilet-Stücke im Wasserdampf garen oder in der Pfanne in Olivenöl beidseitig bräunen, nur knapp garen, weil das Fleisch leicht zu trocken wird! Den Brokkoli entstielen, im Dampf oder im kochenden Wasser bissfest garen, gut abtropfen. Brokkoli und Lachs in eine Auflaufform schichten. Frischkäse und Butter bei milder Hitze in einem Topf schmelzen, die Sahne hinzufügen und mit einem Schneebesen zu einer cremigen Sauce verrühren. Den Schnittlauch in feine Röllchen schneiden und zusammen mit dem Zitronensaft, Salz, Kurkuma und Pfeffer in die Sauce rühren. Die Sauce über den Lachs gießen. Dieser sollte ganz bedeckt sein. Die Mandelblätter in Olivenöl leicht bräunen (nicht anbrennen lassen!), über den Auflauf verteilen. Das Ganze kann für 1–2 Stunden im Kühlschrank zugedeckt aufbewahrt werden. Kurz vor dem Essen den Auflauf bei 180 °C im Ofen erhitzen, bis die Sauce zu kochen beginnt.

Fischragout

in Safransauce

Um den richtigen Safrangeschmack zu bekommen, muss man gemahlenen Safran verwenden; mit Safranfäden habe ich zumindest immer Probleme. Das Geheimnis dieses Gerichts liegt im »Vorgaren, aber nicht Durchgaren« der Fische. Daher: Verwenden Sie nur feste Fischsorten wie z. B. Tunfisch oder Schwertfisch.

Zutaten

1,5 kg Edelfisch und Meeresfrüchte
4–5 EL Tamari-Sojasauce
3–4 EL Pfeilwurzel-Mehl
Butter
1 große Gemüsezwiebel
(ca. 250–300 g)
1 TL Salz
3 EL Olivenöl
8 EL Pernod oder Ouzo
1/4 l Weißwein
1 l Sahne
2 Tüten gemahlener Safran
1 Bund Kerbel
250 g eingelegte Artischockenherzen
250 g Schalotten
oder kleine weiße Zwiebeln
etwas Wasser
250 g kleine weiße Champignons
1 Bund frischer Estragon

Zubereitung

Den Fisch in 5-cm-Würfel schneiden, mit Sojasauce beträufeln und mit Pfeilwurzel-Mehl bestäuben. In einer großen Pfanne Butter erhitzen, den Fisch ringsum anbraten und ganz leicht bräunen, aber nicht durchbraten (maximal 3–4 Minuten). Die Fischstücke aus der Pfanne nehmen und beiseite stellen.

Die Gemüsezwiebel schälen und in grobe Stücke zerhacken, zusammen mit dem Salz und etwas Olivenöl in die Pfanne geben und braten, bis die Zwiebelstücke goldbraun sind. 5 EL Pernod dazugeben und 5 Minuten einkochen, bis die Flüssigkeit fast verdampft ist. Den Weißwein dazugießen und 2–3 Minuten einkochen. Sahne und Safran zur Sauce geben und gut mischen, die Sauce dann über den Fisch geben. Zerhackte Kerbelblätter und Artischockenherzen dazugeben.

Die Schalotten oder Zwiebeln kurz in kochendem Wasser blan-

chieren, abgießen, abkühlen, schälen und die größeren Exemplare der Länge nach halbieren oder vierteln. Butter in die Pfanne geben, die Schalotten darin zugedeckt 15–20 Minuten unter mehrmaligem Wenden schmoren, bis sie weich sind. Wenn nötig etwas Wasser hinzufügen, um zu verhindern, dass sie anbrennen. Den restlichen Pernod darüber geben und einkochen. Die Schalotten zum Fisch geben.
Die Champignonköpfe abwischen, in der Pfanne 5 Minuten braten, zusammen mit den Estragonblättern zum Fisch geben. Das Ganze nochmals erhitzen und servieren oder eine Nacht im Kühlschrank gut zugedeckt ziehen lassen. Das Ragout vor dem Servieren nochmals erhitzen, 5 Minuten köcheln lassen, bis die Fischstücke durchgegart, aber nicht hart und ausgetrocknet sind.

Tipp
Mit Reis servieren.

Scampiragout

aus Südamerika

Zutaten
1 Bund Frühlingszwiebeln
3 Knoblauchzehen
1 kleine scharfe Chilischote
1/2 TL gemahlener Piment
500 g Fleischtomaten
Olivenöl
1 TL Kumin
1 TL Fenchelkörner
1 EL Paprikapulver
Salz
schwarzer Pfeffer
500 g Kartoffeln
2 l Wasser oder Fischfond
3 Maiskolben
2 Möhren
250 g Kürbisfleisch
50 g Reis
100 g frische oder TK-Erbsen
1 kg Scampi
200 g festes Fischfilet
(Schwertfisch oder Seeteufel)
1/4 l Sahne
1/4 l Kokosmilch oder Milch
2 Eier
1 TL frischer Oregano
etwas Koriander oder Blattpetersilie

Zubereitung
Die Frühlingszwiebeln mit dem Grün in 1 cm große Stücke zerschneiden. Den Knoblauch schälen und fein zerhacken, die Chilischote entkernen und ebenfalls fein zerkleinern. Zwiebeln, Knoblauch und Chili mit etwas Olivenöl in einen großen Topf geben, das Gemüse 2–3 Minuten dünsten. Die Tomaten zerkleinern und zusammen mit Piment, Kumin, Fenchelkörnern, Paprikapulver, Salz und Pfeffer zum

Gemüse geben und weitere 4–5 Minuten dünsten.

Die Kartoffeln schälen und in 2 cm große Würfel schneiden. Diese in den Topf geben und mit dem Wasser oder Fond zum Kochen bringen. Die in Stücke geschnittenen Maiskolben zusammen mit den geschälten und grob gehackten Möhren und dem Kürbisfleisch zu den Kartoffeln geben.

15 Minuten köcheln lassen. Den Reis einrühren und weitere 15 Minuten köcheln, bis der Reis gar und das Gemüse weich ist. Das Ganze kann jetzt eine Nacht im Kühlschrank ziehen.

Vor dem Servieren die Suppe erwärmen. Erbsen, Scampi und Fischwürfel unterrühren und 5 Minuten köcheln lassen. Sahne und Kokosmilch oder Milch mischen, dazugießen und zum Kochen bringen. Die Eier schlagen und in die kochende Suppe einrühren.

Den Topf vom Herd nehmen, das Ragout abschmecken, mit klein gehacktem Oregano, Koriander oder fein zerkleinerter Petersilie bestreuen und warm halten, nicht mehr kochen.

VEGETARISCHE SPEISEN

Ich habe meine Karriere als Kochbuchautorin und Party-Service-Betreiberin mit der Vollwertkost begonnen. Dieser Art zu essen bin ich bis heute einigermaßen treu geblieben. Allerdings habe ich schnell bemerkt, dass viele Menschen gesundes Essen mit Verzicht gleichstellen. Deswegen habe ich mich von dem Begriff »Vollwert« getrennt, ohne jedoch die Grundregeln dieser Kost aus den Augen zu verlieren. Frische, Natürlichkeit und Leichtigkeit sind nach wie vor die Merkmale meiner Küche. Ich merke immer mehr, dass sich meine Gäste gerade über frische Gemüsezubereitungen riesig freuen. Sie entdecken plötzlich, wie gut ein Essen ohne Fleisch schmeckt, und es macht Spaß, viele verschiedene Gemüsesorten anzubieten.

Für ein Büfett, bei dem die Speisen nicht direkt vor dem Essen zubereitet werden sollen, ist es ein bisschen schwierig, den Begriff »frisch« mit den Notwendigkeiten des Vorkochens zu vereinen.

Ich hoffe trotzdem, dass die folgenden Gemüsegerichte Sie überzeugen.

Mexikanische Chilis Rellenos (Gefüllte Paprikas)

Chilischoten müssen nicht unbedingt scharf sein! Beim türkischen Gemüsehändler gibt es meistens mehrere Sorten Paprika- und Chilischoten; für dieses Gericht eignet sich am besten eine kleine oder eine längliche, hellgrüne Sorte. Die Schoten sind leicht verdaulich und haben einen fruchtigen Geschmack.

Zutaten

2 kg hellgrüne Paprikaschoten
Olivenöl
2 EL Rosinen
1 mittelgroße Zwiebel
2 Knoblauchzehen
150 g Reis
1/2 l Wasser
5 EL Mandelsplitter
100 g grüne Oliven mit Paprikafüllung
6 Zweige Blattpetersilie
Semmelbrösel von 4 Scheiben getrocknetem Brot
200 g Walnüsse
1/4 l Sahne
250 g Doppelrahm-Sahnefrischkäse
Salz
Pfeffer

Zubereitung

Die Stielenden von den Paprikaschoten abschneiden und die Kerne entfernen. Die Schoten mit Olivenöl einreiben, auf ein Backblech legen und im vorgeheizten Ofen bei 180 °C ca. 10 Minuten backen, bis sie leicht gebräunt sind. Die Schoten herausnehmen und abkühlen.

Inzwischen die Rosinen, die geschälte und gehackte Zwiebel und den fein gehackten Knoblauch in Olivenöl anbraten, bis die Mischung weich und leicht gebräunt ist. Den Reis und das Wasser zugeben, alles zum Kochen bringen. Den Topf mit einem Deckel abdecken und das Ganze bei geringer Hitze 10 Minuten köcheln lassen. Den Topf vom Herd nehmen und alles noch 10 Minuten ziehen lassen.

Inzwischen in einer kleinen Bratpfanne die Mandelsplitter in Öl leicht bräunen, aus der Pfanne nehmen. Die Oliven und Petersilie hacken und dazumischen. Die Reismischung mit Semmelbrösel abbinden, bis man aus der Masse kleine weiche Kegel formen kann.

Die Paprikaschoten vorsichtig mit den Kegeln füllen und in einer flachen feuerfesten Form nebeneinander legen. In der Bratpfanne die gehackten Walnüsse kurz in Olivenöl braten, bis sie leicht gebräunt sind. Sahne und Käse einrühren und köcheln, bis der Käse schmilzt und eine cremige Sauce entsteht. Alles mit Salz und Pfeffer abschmecken. Die Sauce über die gefüllten Paprikaschoten gießen.

Die Schoten über Nacht im Kühlschrank ziehen lassen. Vor dem Servieren alles 15–20 Minuten bei 180 °C backen, bis die Sauce leicht köchelt und gebräunt ist.

Tipp

Servieren Sie das Gericht mit Mais und Bohnenpüree, das folgendermaßen zubereitet wird:

1–2 Dosen Kidney-Bohnen über einem Sieb abgießen, die Bohnen unter fließendem Wasser abspülen. Eine kleine gehackte Zwiebel und eine durch die Presse gedrückte Knoblauchzehe in 2 EL Olivenöl in einer Bratpfanne kurz anschwitzen. Bohnen dazugeben und mit einer Gabel zerdrücken. Nach und nach esslöffelweise Wasser dazugeben und immer weiter drücken und wenden, bis aus den Bohnen eine cremige Masse geworden ist.

Die Mischung mit 1–2 EL Ketschup und 1 TL Kumin oder Chili-Gewürzmischung abschmecken. Das Püree kann lange warm gehalten werden, muss aber immer wieder gerührt und mit Wasser oder Tomatensaft leicht verdünnt werden.

Süsskartoffel-Plätzchen

1,5 kg Süßkartoffeln
Salz
2–3 Eier
3 EL Mehl
1 EL Honig
3 EL Butter

Kartoffeln schälen, vierteln, 30 Minuten in Salzwasser kochen. Kartoffeln abkühlen lassen und auf einer Reibe grob reiben. Die Kartoffeln zusammen mit den Eiern, Mehl, Honig und Salz mischen. Das dritte Ei dazugeben, wenn der Teig zu fest ist. In einer großen Pfanne die Butter erhitzen, den Teig esslöffelweise in die heiße Butter geben und die Plätzchen beidseitig bräunen. Die Süßkartoffel-Plätzchen können lange warm gehalten oder bei Zimmertemperatur serviert werden.

Gemüse-Ratatouille mit Ziegenfrischkäse

Ratatouille – eines meiner Lieblingsgerichte – ist weich und sämig und gefüllt mit den Farben und Düften des Südens. Mit Ziegenweichkäse überbacken ist dieses Gericht wahrlich ein Gedicht.

Zutaten

500 g Zucchini
500 g Auberginen
2 Gemüsezwiebeln
5–6 Fleischtomaten
1/4 l Olivenöl
2 rote und 2 gelbe Paprika
Salz
4 Knoblauchzehen
2 EL Kräuter der Provence
1 TL Kumin
500 g Tomaten (aus der Dose)
300 g Ziegenfrischkäse

Zubereitung

Zucchini in ca. 1-cm-Längsscheiben schneiden. Die Auberginen und die Zwiebeln schälen und in 1 cm dicke Querscheiben schneiden. Die Tomaten ebenfalls in dicke Scheiben schneiden. Das vorbereitete Gemüse auf einem Backblech schuppenartig auslegen, mit Olivenöl beträufeln, mit Salz bestreuen und 30 Minuten bei 180 °C im Ofen backen, bis alles weich und leicht gebräunt ist.

Gleichzeitig die Paprikaschoten leicht einölen, auf ein Blech legen und ebenfalls backen, bis sie leicht gebräunt sind und die Haut Blasen wirft. Paprika mit einem feuchten Küchentuch abdecken und abkühlen lassen.

Gemüse in eine große Schüssel geben. Den durch eine Presse gedrückten Knoblauch, Kräuter der Provence, Salz, Kumin und Dosentomaten einrühren und abschmecken. Von den abgekühlten Paprika die Haut abziehen, die Schoten entkernen und entstielen. Die Paprika in große Streifen schneiden und zu dem restlichen Gemüse geben. Alles zusammen in eine flache Auflaufform geben. Den Ziegenfrischkäse über die Form bröseln. Das Gericht jetzt fest zugedeckt über Nacht im Kühlschrank ziehen lassen.

Das Ratatouille vor dem Servieren 20–30 Minuten im Ofen bei 170 °C backen, bis der Käse schmilzt und die Oberfläche leicht gebräunt ist.

Tipp

Dazu passen Stangenbrot, Süßkartoffeln oder Süßkartoffel-Plätzchen (siehe Seite 114).

Marokkanisches Gewürz-Gemüse

Zutaten

500 g Auberginen
Olivenöl
2 kg frische Fleischtomaten
4 rote Paprika
1 Blumenkohl
4 große Möhren
200 g frische Okraschoten (z. B. aus einem türkischen Laden)
1 kleine abgetropfte Dose Kichererbsen
2 TL Paprikapulver
2 TL Ingwerpulver
1 TL Kuminkörner
1 TL Fenchelkörner
1/2 TL Zimt
Salz

Zubereitung

Die Auberginen der Länge nach vierteln und quer in ungefähr 4 cm große Würfel schneiden. Die Auberginenwürfel zusammen mit 1/4 l Olivenöl und 1 TL Salz mischen, auf ein Backblech legen und ca. 30 Minuten backen, bis die Würfel weich und gebräunt sind.

Tomaten und Paprika leicht mit Öl einreiben, auf ein Blech legen und ca. 30 Minuten backen, bis die Haut braun wird und Blasen wirft.

Die Haut der Tomaten abziehen und Tomaten grob hacken, zu den Auberginen geben. Paprika mit einem nassen Küchentuch bedecken und abkühlen lassen. Die Haut abziehen, die Paprika entstielen, entkernen und grob hacken. Blumenkohl in Röschen zerlegen und zusammen mit etwas Olivenöl und Salz mischen.

Die Möhren schälen, in 1 cm Stücke schneiden und ebenfalls mit Öl und Salz mischen. Jedes Gemüse getrennt auf einem Blech ca. 30 Minuten backen, bis alles leicht gebräunt ist. Okra 10 Minuten in Salzwasser garen, abgießen.

Alle Gemüsesorten zusammen mit den Kichererbsen und Gewürzen mischen, einige Stunden oder über Nacht im Kühlschrank ziehen lassen. Alles in eine flache Form geben und nochmals vor dem Servieren im Ofen backen, bis es heiß ist.

Gefüllte Auberginen

mit Oliven und Kapern aus Sizilien

Zutaten

Olivenöl
6 Auberginen
500 g Tomaten (aus der Dose)
Salz
2 Gemüsezwiebeln
2 Möhren
2 Knoblauchzehen
1 TL Kuminkörner
1 TL Korianderkörner
250 g Semmelbrösel (am besten Vollkorn)
4 Eier
150 g Feta-Käse, zerbröselt
50 g Pinienkerne
100 g schwarze Oliven ohne Kern, grob gehackt
2 EL Kapern
4–5 EL Petersilie, gehackt

Zubereitung

Ein Backblech mit reichlich Olivenöl bestreichen. Die Auberginen entstielen und der Länge nach halbieren. Auberginen mit der Schnittfläche nach unten auf das Blech legen und etwa 25 Minuten im Ofen bei 180 °C backen, bis sie leicht eingefallen und weich sind.

Die Tomaten grob hacken, die Zwiebeln und Möhren fein hacken, Kumin und Koriander fein mahlen. Die Tomaten in eine Form geben, mit Salz, etwas Kumin und Koriander würzen. Die Auberginen mit der Schnittfläche nach oben darauf legen. Gemüsezwiebeln und Möhren zusammen in Olivenöl in einer großen Pfanne braten, bis alles weich und leicht gebräunt ist. Knoblauch durch eine Presse dazugeben, Gewürze und Semmelbrösel einrühren und 2–3 Minuten weiterbraten. Die Pfanne vom Herd nehmen. Die restlichen Zutaten einrühren und gut mischen. Diese Masse auf den Auberginen verteilen und leicht in das Fruchtfleisch hineindrücken.

Das Gericht kann jetzt mehrere Stunden oder über Nacht im Kühlschrank ziehen. Vor dem Servieren die gefüllten Auberginen im Ofen 30–40 Minuten bei 180 °C backen, bis sie leicht gebräunt sind.

Borlottibohnen-Püree

Dieses cremige Bohnenpüree schmeckt so nussig wie Kastaniencreme. Man denkt beim Essen überhaupt nicht an Bohnen, weil die cremige Mischung mit Kartoffeln so leicht ist.

Zutaten

1 kg gekochte Borlottibohnen (Wachtelbohnen) aus der Dose
500 g Kartoffeln
6 EL Olivenöl
2 Knoblauchzehen
4 EL Butter
2 EL Mehl
1 TL Salz
1/4 l Milch
100 g Parmesan
schwarzer Pfeffer aus der Mühle
4–5 EL Olivenöl

Zubereitung

Die Bohnen und die gekochten, gepellten Kartoffeln durch eine Kartoffelpresse drücken oder mit der Küchenmaschine fein reiben.

In einer kleinen Pfanne das Olivenöl erhitzen, Knoblauch durch eine Presse drücken, dazugeben und kurz andünsten. Öl und Knoblauch zu der

Bohnenmasse geben. 2 EL Butter in die Pfanne geben und schmelzen, Mehl und Salz einrühren und anschwitzen. Milch dazugießen und alles köcheln lassen, bis die Flüssigkeit sämig wird. Die Milchmischung zu den Bohnen geben. Geriebenen Parmesan und Pfeffer einrühren und die Masse gut mischen, alles in eine mit 2 EL Butter gefettete Auflaufform füllen und mit Olivenöl beträufeln. Das Püree kalt stellen (auch über Nacht). Vor dem Servieren wieder zu Zimmertemperatur kommen lassen. Das Gericht im Ofen bei 170 °C 10–15 Minuten erhitzen, bis es leicht gebräunt ist.

Fenchelgratin

mit Fontina

Zutaten

2,5 kg Fenchelknollen
1/4 l Gemüsebrühe
1/4 l milder Weißwein
1 TL Oregano
1 Prise Thymian
Salz
3 EL Mehl
1/4 l Sahne
200 g Fontina- oder Raclette-Käse

Zubereitung

Fenchelknollen putzen: Stiele am Ansatz abschneiden und für ein anderes Gericht aufheben (z.B. Gemüsefrikadellen oder Tomatensauce), die harten Wurzelansätze wegschneiden, verwelkte oder braune Blätter entfernen. Die Knollen senkrecht in 1 cm große Scheiben schneiden. Scheiben schuppenartig in eine flache feuerfeste Gratinform legen. Brühe, Wein und Gewürze mischen und über die Scheiben gießen. Das Ganze zudecken und im Ofen bei 180 °C ca. 30 Minuten sanft backen, bis die Scheiben weich sind.
Das Fenchelwasser in einen kleinen Topf abgießen und auf 1/4 l einkochen. Mehl und Sahne vermischen und dazugießen. Die Flüssigkeit unter ständigem Rühren sämig eindicken lassen. Den Käse reiben und die Hälfte davon in die Sauce rühren. Die Sauce über den Fenchel gießen, den restlichen Käse darüber streuen. Das Gratin einige Stunden, aber nicht über Nacht in den Kühlschrank stellen. Dann das Fenchelgratin im Ofen bei Oberhitze 10 Minuten backen, bis es leicht gebräunt ist.

Tipp

Fenchel leidet ein bisschen im Geschmack, wenn er zu lange steht, daher sollten Sie das Gericht am besten am Vormittag des Festes vorbereiten und am gleichen Tag servieren.

Provenzalisches Kartoffelgratin

Zutaten

2,5 kg Kartoffeln
250 g Bressot-Käse
1/2 l Sahne
500 g Tomaten
300 g Gemüsezwiebel
4 EL Olivenöl
2 TL Salz
2 TL Kräuter der Provence
2 Knoblauchzehen
200 g schwarze entkernte Oliven, grob gehackt
2 EL Butter
150 g Emmentaler

Zubereitung

Die Kartoffeln schälen und in dünne Scheiben schneiden. Die Kartoffelscheiben zusammen mit Bressot und Sahne mischen. Die Tomaten blanchieren, häuten und in Scheiben schneiden. Die Gemüsezwiebel schälen, in dünne Scheiben schneiden und in Öl dünsten, bis sie weich sind. Die Tomatenscheiben und gedünsteten Zwiebelscheiben zu der Kartoffel-Sahne-Mischung geben, zusammen mit den restlichen Zutaten außer dem Emmentaler mischen und alles in eine mit 2 EL Butter gefettete flache Auflaufform schichten. Das Gratin im Ofen bei 180 °C 80 Minuten zugedeckt backen, bis die Kartoffeln gar sind. Das Gratin mehrere Stunden oder über Nacht im Kühlschrank ziehen lassen, vor dem Servieren mit Käse bestreuen und 20 Minuten weiterbacken, bis der Käse leicht gebräunt ist.

Kürbiswürfel werden mit Paprika, Zwiebeln, Kartoffeln und Mais in einer würzigen Sauce gekocht. Das Gericht stammt, wie alle meine wunderbaren südamerikanischen Rezepte, aus Peru. In Italien werden Kürbisse in vielen verschiedenen Varianten angeboten. Bei uns sind sie in türkischen Geschäften und im Herbst in Naturkostläden erhältlich. Wenn Sie einen »Delikata«-Kürbis (beigefarben, birnenförmig, mit orangefarbenem Fleisch) oder einen »Hokkaido«-Kürbis (klein, hellorange Haut, orangefarbenes Fleisch) sehen, sollten Sie zugreifen und das folgende Ragoutrezept ausprobieren.

Südamerikanisches Kürbis-Ragout

Zutaten

450 g mittelgroße Zwiebeln
2 rote Paprika
4 Knoblauchzehen
1 kleine Chilischote
Olivenöl
1 Stück frische Ingwerwurzel (8 cm)
1,5 kg Kürbisfleisch
500 g Kartoffeln
800 g geschälte Tomaten (aus der Dose)
1/2 l Kokosmilch (aus der Dose)
4 Nelken
2 Lorbeerblätter
2 Zimtstangen
250 g Maiskörner aus dem Glas

Zubereitung

Die Zwiebeln schälen und vierteln, die Paprika in 3 cm große Stücke schneiden. In einem großen Topf die Zwiebelwürfel, die Paprikastücke, den fein gehackten Knoblauch und die entkernte, fein gehackte Chilischote ca. 10 Minuten in Olivenöl braten, bis die Zwiebeln weich sind. Ingwerwurzel schälen, fein hacken, das Kürbisfleisch in 3 cm große Stücke schneiden. Die Kartoffeln schälen und ebenfalls in 3 cm große Würfel schneiden. Ingwer, Kürbis, Kartoffeln, Tomaten und Kokosmilch in den Topf geben, Nelken, Lorbeer und Zimt einrühren und wenn nötig Wasser zugießen, bis alles bedeckt ist. Das Ganze zum Kochen bringen. Die Hitze reduzieren und ca. 30 Minuten leise köcheln, bis die Kartoffeln und der Kürbis weich sind, aber noch nicht zerfallen. Maiskörner einrühren, nochmals abschmecken. Das Ragout sofort servieren oder über Nacht im Kühlschrank ziehen lassen. Vor dem Servieren nochmals aufkochen und abschmecken.

Gemüsefrikadellen sind mein Lieblingsgericht: Alle Gemüsereste von einem Büfett können verwendet werden. Stiele und grobe Außenblätter vom Fenchel, geschälte Brokkolistiele und Blumenkohlstrünke, das Grün vom Lauch und die Außenstiele vom Staudensellerie, alles was nicht fein genug ist für Salate und mariniertes Gemüse, kommt in die Pfanne und verwandelt sich zu köstlichen Bratlingen!

Gemüsefrikadellen mit Paprikasauce

Zutaten

mindestens 1 große Gemüsezwiebel
ca. 1 kg gemischtes Gemüse wie z. B.:
Fenchel
Möhren
Zucchini
Paprika
Lauchgrün
Brokkoli- und Blumenkohlstiele
2 Knoblauchzehen
1/4 l Olivenöl
Kräutersalz
1 TL Oregano
1 TL Majoran
1 TL Kümmel
Tabasco nach Geschmack
6 Eier
200 g Gouda
100 g Parmesan
ca. 400 g Semmelbrösel
(am besten Vollkorn)

Zubereitung

Das Gemüse putzen, grob reiben oder fein hacken und unter häufigem Wenden in der Pfanne in 3–4 EL Olivenöl ca. 15 Minuten braten, bis es weich ist. Alles abkühlen lassen.

Alle Gewürze, Eier, Käse und Semmelbrösel einrühren, bis eine formbare Masse entsteht. (Die Menge der Masse hängt von dem Wassergehalt des Gemüses und der Sorte der Semmelbrösel ab.)

Einen kleinen Kloß formen, im restlichen Olivenöl probebacken. Diesen zum Abschmecken probieren und die Masse entsprechend abschmecken. Aus der gesamten Masse kleine Kugeln formen, leicht platt drücken und in Olivenöl beidseitig braten, bis die Bratlinge leicht gebräunt sind. Die Bratlinge werden erst richtig fest, wenn sie abkühlen. Danach können sie im Ofen wieder erwärmt werden oder bei Zimmertemperatur serviert werden.

Tipp

Servieren Sie dazu eine Sauce aus 500 g Jogurt zusammen mit 6 EL Ajvar oder Ketschup vermischt.

Ajvar ist ein serbischer Paprika-Brotaufstrich.

Dazu passt als Beilage »Spoonbread« aus den Südstaaten der USA (siehe Rezept S. 139).

Desserts & Kuchen

NACHTISCHE

Mit den süßen Desserts habe ich persönlich ein kleines Problem. Ich selbst esse nichts Süßes nach einer schweren, umfangreichen Mahlzeit und bevorzuge ein Stück frisches Obst, vielleicht mit einem Eckchen Käse dazu. Für meine Gäste schäle ich das Obst und beträufele es mit ein bisschen Likör oder einigen Tröpfchen Sahnesauce.

Für meinen Partyservice allerdings muss ich Desserts kreieren, weil viele Menschen den süßen Nachtisch über alles lieben. Es gibt sogar Kunden, die sich ein ganzes Nachtisch-Büfett wünschen! Ich habe es anfangs mit Vollwert-Leckereien versucht, die zum Teil sehr arbeitsaufwendig zubereitet werden. Doch die Zuckersucht meiner Gäste haben sie nicht befriedigen können! Heute mache ich Vollwert-Desserts nur auf Wunsch der Gastgeber. Und so habe ich Ausschau nach einfachen Desserts gehalten, die im Voraus zuzubereiten sind. Zuerst bin ich auf die altenglischen Fools und Trifles gekommen – Desserts, die nichts anderes sind als Cremespeisen, teils mit Obst und Kuchen, teils nur mit Schlagsahne zubereitet. Als »gelatinisierte« Alternativen gibt es Obstterrinen, die in Scheiben geschnitten auf den Tisch kommen. Danach besann ich mich auf Crumbles, Cobblers und Betties – amerikanische Desserts, die nur aus gebackenem Obst mit einer leichten Kruste bestehen. Zu dieser Art gehören auch die französischen Clafoutis, die wie eine Kreuzung von Soufflé und Pfannkuchen wirken. Sättigendere Desserts, die nach einer Salatmahlzeit im Sommer den Abschluss bilden können, sind Brot- und Reispudding (siehe Rezepte S. 132 und S. 133). Diese beliebten Kinderspeisen können mit verschiedenen Inhalten aufgewertet werden. Zum Schluss: die Obsttorten (nach französischem oder amerikanischem Muster) auf Paté Sable, Blätterteig oder Pie-Teig.

Ich bin keine Meisterin des Kuchenbackens; meine einzigen erfolgreichen Kuchen sind ganz einfach: Biskuitkuchen, Brownies, ein »Upside-Down«-Kuchen (»Kuchen auf dem Kopf«) von meiner Mutter und ein süßes Bananenbrot sind fast alles, mit dem ich aufwarten kann. Zu mehr reicht meine Geduld nicht; der Gedanke, Stunden mit der Zubereitung von Karamellwolken oder Meringuées, Torten oder Eis zu verbringen, ist mir ein Gräuel!

Ein Tipp zuletzt:

Ich bin dankbar für die vielen Instant-Puddingpulver, die man heute kaufen kann. Im Großhandel gibt es nicht nur Schoko- und Vanillepuddingpulver und Moussepulver, sondern auch Dutzende anderer Sorten wie Mango, Maracuja, Zitrone, Walnuss, Haselnuss, Cappuccino, Karamell und vieles mehr. Ich ignoriere die Packungsanleitungen und mische daraus eine ganze Palette von Cremes aus Jogurt, Quark, Milch, Schlagsahne, Schmand und saurer Sahne. Dazu kommt frisches Obst. Besonders gerne mag ich Himbeer- oder Zitronencremepulver mit Jogurt gemischt und mit frischen Himbeeren geschichtet. Dies sind natürlich sehr einfache Rezepte, aber nach einem großen Essen sind solche Nachtische meistens sehr willkommen!

Lisas Herrencreme

Zutaten

3 Tüten Vanillepuddingpulver
(12 Portionen)
Milch
eventuell Zucker
500 ml Sahne
Kakao

Zubereitung

Das Puddingpulver nach Packungsanleitung mit der angegebenen Menge Milch und eventuell Zucker kochen. Sahne steif schlagen. Den Pudding während des Abkühlens häufig umrühren, damit sich keine Haut an der Oberfläche bildet. Wenn der Pudding gerade lauwarm ist, aber noch nicht steif, die Sahne unterheben.
Den Pudding in eine schöne Servierschüssel füllen und über Nacht in den Kühlschrank stellen. Vor dem Servieren die Oberfläche mit Kakao bestäuben.

Tipp

Zu diesem Nachtisch kann Beerenobst in Cassis serviert werden: In 500 g tiefgefrorenes gemischtes Beerenobst werden 1/4 l Crème de Cassis gemischt, Obst auftauen lassen, nicht erhitzen.

Schwarze Wolke

Zutaten

1 kg Backpflaumen
1 l Wasser
5 EL Armagnac oder Cognac
1 l Sahne

Zubereitung

Pflaumen über Nacht in Wasser und Armagnac einweichen. Die Pflaumen am nächsten Tag entsteinen und pürieren, Sahne steif schlagen und unterheben.

Tipp

Wenn Sie die Wolke länger aufbewahren wollen: 1/4 der Sahne durch Crème fraîche ersetzen oder mit Sahnesteif oder Instant-Gelatine aufschlagen.

Fool

Ein »Fool« ist eine wunderbare englische Sache: Meist mit Stachelbeeren oder Rhabarber zubereitet, ist es im Grunde nichts anderes als eine Schüssel mit Schichten aus Schlagsahne und Kompott oder Marmelade. Dieser Nachtisch sieht wunderbar aus, wenn man ihn in einer schönen Glasschüssel anrichtet. Er darf aber nur leicht gesüßt zubereitet werden und ist ein wolkiger Abschluss zu einem feinen Essen.

Zutaten

500 g Kompott oder Marmelade aus Obst wie Stachelbeeren, Rhabarber, Johannisbeeren
Honig oder Zucker
1 l süße Sahne (oder 3/4 l Sahne und 1/4 l Crème fraîche)
Kakaopulver oder Schokoraspeln

Zubereitung

Kompott, Marmelade oder Obst leicht mit Honig oder Zucker süßen. Die Sahne steif schlagen (wenn der Nachtisch im Voraus zubereitet wird, mit Crème fraîche mischen oder mit Sahnesteif oder Instant-Gelatine zubereiten), leicht süßen und in einer Schüssel mit Kompott, Marmelade oder Obst schichten (Sahne soll noch als Streifen sichtbar sein).

Das Dessert mit Kakaopulver oder groben Schokoraspeln verzieren und kalt stellen.

Tipp

Sie können das Dessert auch mit säuerlichen Äpfeln zubereiten: Die Äpfel schälen, in Scheiben schneiden, in 1/8 l lieblichem Weißwein andünsten, Zimt und Vanille zufügen und pürieren.

Erdbeerwolken

Für diesen Fool kann man auch Erdbeeren nehmen, die leicht beschädigt oder tiefgefroren sind.

Zutaten

600 g Erdbeeren
100 g Akazienhonig oder ein anderer dünnflüssiger Honig oder 100 g Puderzucker
1/2 l Sahne
250 g Quark oder 250 g Crème fraîche
einige Blätter Minze- oder Zitronenmelisse

Zubereitung

100 g besonders hübsche Erdbeeren beiseite legen.
Die restlichen Erdbeeren mit Honig oder Puderzucker im Mixer pürieren.
Die Sahne steif schlagen und zusammen mit Quark oder Crème fraîche anrühren. Das Erdbeerpüree dazugeben und vorsichtig unterheben, nicht komplett mischen (Sahnestreifen sollen noch sichtbar sein).
Das Dessert in eine Schüssel füllen, die restlichen Erdbeeren ganz oder in Scheiben geschnitten auf das Püree legen, mit Blättern von Minze- oder Zitronenmelisse verzieren und kalt stellen.

ENGLISCHE TRIFLES

Ein »Trifle« ist, wörtlich übersetzt, eine unwichtige Kleinigkeit. Als Dessert ist es eine Schichtspeise aus Biskuit, Pudding und Obst. Im Grunde ähnelt es dem Tiramisu: eine Schicht Biskuit mit Likör beträufelt, mit einer Schicht Obst belegt, mit einer Schicht Pudding bedeckt. Es folgen weitere Schichten in dieser Reihenfolge, bis man die gewünschte Menge erreicht hat. Bei Büfetts berechne ich 100 g Pudding auf 50 g Obst und 10 g Biskuit pro Person.

APFELTRIFLE

ZUTATEN

1 Tüte Vanillepuddingpulver
Milch
Honig oder Zucker nach Geschmack
200 g Löffelbiskuit oder Biskuitboden
500 g Äpfel
1/8 l lieblicher Weißwein
1/8 l Apfelkorn
1 Prise Zimt
1 Prise Vanille

ZUBEREITUNG

Vanillepudding nach Packungsanleitung mit der angegebenen Menge Milch und Zucker kochen. In einer Schüssel eine Schicht Biskuit auslegen.

Die Äpfel schälen, in Scheiben schneiden und in Weißwein und Korn dünsten, süßen und Zimt und Vanille zufügen. Die Äpfel abtropfen lassen, den Saft auffangen.

Die Biskuits teelöffelweise mit dem Saft beträufeln, die Hälfte der Apfelschnitten in einer Schicht darauf verteilen. Eine Schicht Pudding darüber streichen. Alles mit einer zweiten Schicht von Biskuits, Äpfeln und Pudding bedecken. Den restlichen Saft auf die Oberfläche träufeln.

Das Dessert kalt stellen, damit die Biskuits durchziehen und weich werden. Kalt servieren.

Zitronen-Ananas-Trifle

Zutaten

2 Tüten Zitronenpudding
Milch
250 g Ananasstückchen aus der Dose
1/2 l süße Sahne
Saft von 2 Zitronen (ca. 6 EL)
4 EL Honig
200 g Löffelbiskuits

Zubereitung

Den Pudding nach Packungsanleitung mit der angegebenen Menge Milch und Zucker zubereiten und auf zwei Arbeitsschüsseln verteilen.
Ananas abtropfen lassen, den Saft aufbewahren. Die Ananasstücke in eine Schüssel mit Pudding geben und vermischen, Sahne steif schlagen, zu der Pudding-Ananas-Mischung geben und unterheben. Zitronensaft und Honig mit dem Ananassaft mischen.
In einer großen Servierschüssel die Hälfte der leicht zerbröselten Löffelbiskuits auslegen. Die Hälfte der Saftmischung darüber träufeln und die Löffelbiskuits mit der Pudding-Ananas-Mischung bedecken.
Nochmals eine Schicht Löffelbiskuit zufügen, den restlichen Saft zugießen und den Pudding ohne Ananas darüber schichten.
Das Dessert glatt streichen und über Nacht im Kühlschrank ziehen lassen.

Tipp

Mit Schlagsahne verzieren.

Wie Fools und Trifles werden Crumbles meistens mit säuerlichem Obst zubereitet. Rhabarber-Crumble oder Apfel-Crumble sind die bekanntesten Sorten. Im Grunde ist dies nichts anderes als Obst mit Saft, das gebacken wurde und eine Streuselkruste hat. Crumbles werden warm serviert, am besten mit Schlagsahne oder Vanilleeis. Man sollte sie im Voraus zubereiten und erst backen, während man die Hauptspeise genießt.

Obst-Crumble-Dessert

Zutaten

Für das Obst:
3 kg Äpfel
4–5 EL Honig oder Zucker
Saft und abgeriebene Schale von 1 Zitrone

Für die Streusel:
100 g Vollkornmehl
100 g brauner Zucker
1 Prise gemahlener Zimt
1 Prise Muskatnuss
1 Prise Nelken
100 g kalte Butter
100 g Mandelsplitter oder gehackte Mandeln

Zubereitung

Das Obst schälen, in Scheiben schneiden und zusammen mit Honig oder Zucker, Zitronensaft und der Zitronenschale vermischen. Die Mischung in eine breite, gebutterte Auflaufform geben.
Mehl, Zucker, Zimt, Muskat, Nelken, Butter und Mandeln zu einem sandigen Teig mischen. Den Teig nicht zu lange bearbeiten, weil die Streusel klebrig und schwer werden, wenn die Butter zu sehr schmilzt.
Die Streusel 10 Minuten im Kühlschrank ruhen lassen und dann über das Obst bröseln. Alles 40 Minuten bei 180 °C backen, bis die Streusel goldbraun sind. Das Dessert warm servieren.

Braun-Betty

Zutaten

250 g frische Semmelbrösel
100 g Walnüsse oder Haselnüsse
100 g Butter
2,5 kg säuerliche Äpfel (Boskop, Granny Smith)
100 g dunkler Zucker oder Honig
2 EL Zitronensaft
1 Prise Zimt
1 Prise Muskat
abgeriebene Schale von 1/2 Zitrone
100 g Rosinen
1/8 l Apfelkorn oder Apfelsaft

Zubereitung

Die Semmelbrösel und die gehackten Nüsse in eine große Pfanne geben und ohne Fettzusatz unter ständigem Rühren bei mittlerer Hitze leicht rösten, bis es zu duften beginnt und die Nüsse etwas dunkler werden. Vorsicht, denn die Nüsse brennen sehr leicht an.

Die Äpfel schälen, entkernen und in dünne Scheiben schneiden, mit der Bröselmischung und den restlichen Zutaten mischen. In eine mit Butter ausgefettete Auflaufform geben und 1/2 Stunde bei 180 °C im Ofen backen. Das Dessert lauwarm mit Vanilleeis oder Schlagsahne servieren.

Das ist ein einfacher, altmodischer Nachtisch, meist mit Äpfeln gebacken, aber auch mit Aprikosen, Pfirsichen oder eingeweichten Trockenpflaumen. Wichtig sind die Semmelbrösel: Sie sollten frisch sein und leicht geröstet werden, bevor sie für die Nachspeise verwendet werden.

Clafouti

Ein Clafouti ist eigentlich nichts anderes als ein Pfannkuchen, der im Ofen gebacken wird. Er hat drei wunderbare Eigenschaften: Er sieht toll aus, schmeckt fantastisch und ist einfach zuzubereiten! Ich mache Clafoutis aus fast jeder Obstsorte, die bekanntesten Varianten sind Apfelclafouti mit Apfelkorn, Birnenclafouti mit Birnenschnaps und Kirschclafouti mit Kirschwasser.

Zutaten

3 Eier
1/4 l Milch
150 g Butter
50–100 g Zucker oder Honig (weniger bei süßem Obst)
100 g Mehl
2 kg Äpfel
5 EL Schnaps oder Likör
1 Prise Zimt
1 Prise Nelken

Zubereitung

100 g Butter schmelzen. Eier, Milch und die geschmolzene Butter mit Zucker und Mehl gründlich vermischen. Die Mischung beiseite stellen. Die Äpfel schälen, entkernen, in Scheiben schneiden, 5 Minuten in 2 EL Butter dünsten, mit dem Schnaps begießen und Zimt und Nelken dazugeben. Eine Auflauf- oder Quicheform mit der restlichen Butter einfetten, in den auf 180 °C vorgewärmten Ofen stellen. Die Hälfte des Teigs in die heiße Form füllen. Obst mit einem Schaumlöffel aus der Pfanne nehmen (dabei den Saft aufheben) und in die Form auf den Teig geben. Den restlichen Teig darüber geben und mit 2 TL Zucker bestreuen. Form im Ofen bei 180 °C 25–30 Minuten backen, bis der Teig goldbraun und auch in der Mitte fest ist.

Inzwischen den Saft von den Äpfeln einkochen, bis ein Sirup entsteht. Den Sirup über den warmen Clafouti gießen und die Nachspeise warm servieren.

Tipp

Obst und Teig können Sie bereits am Vortag zubereiten, getrennt aufbewahren und erst direkt vor dem Backen in die Form füllen. Sie können den Clafouti backen, während Sie das Hauptgericht genießen.

Obstgelatine

Zutaten

3 kg Obst (z. B. 2 kg frische Pfirsiche und 1 kg gefrorene Himbeeren)
1/4 l Wasser
100 g Zucker
1 Prise Vanillezucker oder das ausgekratzte Mark einer Vanillestange
100 ml lieblicher Weißwein
2 EL Zitronensaft
14 Blätter weiße Gelatine
50 ml Pfirsichlikör
100 ml Grenadine oder Cassis-Likör
1 TL Öl
Salz

Zubereitung

Die Pfirsiche abbrühen, häuten, halbieren, entkernen. Die Himbeeren in einem Sieb auftauen, den Saft in einem kleinen Topf auffangen. Die Hälfte der Pfirsiche in kleine Stücke schneiden, 1/4 l Wasser, 75 g Zucker, Vanillezucker und Wein ca. 30 Minuten köcheln lassen, bis die Pfirsiche weich sind und zerfallen.

Die andere Hälfte der Pfirsiche in Spalten schneiden, mit 2 EL Zucker und dem Zitronensaft mischen. Gekochte Pfirsiche in ein Sieb gießen, den Saft in einem kleinen Topf auffangen.

Gelatine in kaltem Wasser ca. 10 Minuten einweichen, 9 Blätter davon in den Pfirsichsaft, 5 Blätter in den Himbeersaft geben. Beide Töpfe leicht erwärmen, bis die Gelatine aufgelöst ist. In den Pfirsichsaft den Pfirsichlikör einrühren, in den Himbeersaft die Grenadine oder den Cassis-Likör mischen. Himbeeren in den Himbeersaft geben, Pfirsiche aus dem Sieb wegschütten oder anderweitig verwenden. Beide Töpfe in den Kühlschrank stellen und abkühlen lassen.

Eine Brot- oder Terrinenform mit 1 TL Öl einfetten und mit Klarsichtfolie auslegen.

Wenn die Gelatine anfängt am Rande zu gelieren, vorsichtig umrühren. Die Terrinenform in einen größeren Topf mit Eiswasser, Eiswürfeln und etwas Salz stellen. Das Obst jetzt in die Terrine schichten: 1/3 der Himbeer-Saftmischung eingießen und 5 Minuten gelieren lassen. Die Hälfte von den Pfirsichspalten sehr vorsichtig darüber schichten und einen Teil des Pfirsichsaftes eingießen, leicht gelieren lassen. Nochmals 1/3 der Himbeeren darauf verteilen, die restlichen Pfirsiche und Saft einfüllen und mit einer Schicht Himbeeren bedecken. Diese Terrine mit Folie abdecken und mindestens eine Nacht im Kühlschrank gelieren lassen.

Vor dem Servieren die Terrinenform abdecken, auf eine Platte stürzen, die Folie abziehen und die Terrine mit einem Messer, das man im heißen Wasser immer wieder erhitzt, in Scheiben schneiden. Die Scheiben bis zum Servieren kalt stellen.

Tipp

Das Dessert mit Schlagsahne oder Vanilleeis servieren.

Der altmodische englische »Cobbler« hat seinen Namen von den runden Teigplatten auf dem Obst, die wie Kopfsteinpflaster (Cobbles) aussehen. Für Cobbler nimmt man meist Beeren oder Äpfel oder eine Mischung aus beiden Obstsorten. Auch tiefgefrorene Beerenmischungen eignen sich hierfür sehr gut. Das einzig Kniffelige daran ist der Teig, der nur sehr sanft und leicht bearbeitet werden darf, weil er sonst hart und zäh wird. Man kann Cobbler im Voraus zusammenstellen und während des Essens im Ofen backen.

Obst-Cobbler

Zutaten

Für das Obst:
2,5 kg Obst (Apfel, Pfirsich, Johannisbeeren, Brombeeren, Stachelbeeren, Beerenmischungen)
50 g Honig
Saft und abgeriebene Schale von 1 Zitrone
100 g Butter

Für den Teig:
300 g Mehl
2 TL Salz
2 TL Backpulver
2 EL Zucker
100 g Butter
1/4 l Sahne

Zubereitung

Obst schälen und gegebenenfalls in Stücke schneiden; TK-Obst muss nicht aufgetaut werden! Das Obst zusammen mit Honig, Zitronensaft und Butter mischen und in eine gebutterte Auflaufform füllen. Für den Teig Mehl, Salz, Backpulver und Zucker mischen. Die Butterflocken in die Mehlmischung einarbeiten, bis sie wie Haferflocken aussieht (die Butterflocken sollen nicht schmelzen und nicht gründlich vermischt werden!). Sahne nach und nach dazugeben, bis der Teig zu einer Kugel geformt werden kann. Den Teig flach drücken, in Folie wickeln und 20 Minuten im Kühlschrank ruhen lassen.
Kurz vor dem Backen den Teig vorsichtig 1–2 cm dick ausrollen, mit einem Glas kleine runde »Kopfsteine« ausstechen und auf dem Obst verteilen. Den Nachtisch im Ofen bei 185 °C 30–35 Minuten backen, 15 Minuten abkühlen lassen, lauwarm servieren.

Brotpudding habe ich zuerst ziemlich gehasst. Die Kombination von Weißbrotwürfeln, Rosinen und Pudding fand ich unangenehm. Es war auch eines dieser Gerichte, die meine Mutter uns Kindern vorsetzte, wenn zu viel altes Brot im Haus war. Erst als Erwachsene habe ich in wirklich guten Restaurants interessante Varianten von meinem Kindheitshorror entdeckt. Ich habe viele Rezepte gefunden, die den Pudding bei mir salonfähig gemacht haben. Hier ist eine Version mit Cappuccino-Geschmack.

Brotpudding

Zutaten

750 g Weißbrot oder sehr feines Weizen-Vollkorntoastbrot
200 g Rosinen oder Korinthen
5 EL Kaffeelikör oder Amaretto
100 g Mandelsplitter
1/4 l Espresso-Kaffee
2 EL Zucker oder Honig
6 Eier und 4 Eigelb
3/4 l Sahne

Zubereitung

Das Brot von der Rinde befreien und in feine Würfel schneiden. Die Rosinen eine Stunde in Kaffeelikör oder Amaretto einweichen. Mandelsplitter kurz in der Pfanne rösten. Brot, Rosinen und Mandelsplitter vermischen.
Eine Auflaufform mit Butter einfetten, die Brotmischung einfüllen. Kaffee mit 2 EL Zucker in einen kleinen Topf geben und vorsichtig einkochen, bis die Flüssigkeit auf die Hälfte reduziert ist. Den Kaffee mit den Eiern, dem Eigelb und der Sahne in eine Schüssel füllen und mit einem Schneebesen gründlich rühren. Die Mischung über das Brot gießen und 30 Minuten stehen lassen. Ofen auf 180 °C vorheizen, Auflaufform in einen größeren Topf stellen und in den Topf so viel Wasser gießen, dass es bis zur Hälfte der Auflaufform reicht. Alles eine Stunde backen, bis der Pudding goldbraun und auch in der Mitte fest ist. Den Pudding abkühlen lassen und kalt stellen.

Reispudding

Zutaten

50 g Rosinen
3 EL Wasser
2 EL Portwein
3 unbehandelte Zitronen
200 g Reis
5 EL Zucker
1/2 l Sahne
4 Eier
1 Prise Vanille
1 Prise Muskat

Zubereitung

Rosinen, Wasser und Portwein mischen und über Nacht quellen lassen. Die Schale von den Zitronen abreiben. Den Reis, Zitronenschale, 3 EL Zucker, Sahne, Eigelb, Vanille und Muskatnuss mischen und in eine Auflaufform füllen. Die Form zudecken und im Ofen bei 160 °C 2-3 Stunden backen, dabei jede halbe Stunde umrühren, bis der Reis cremig-weich ist.
Den Saft von den Zitronen einrühren. Alles 30 Minuten abkühlen lassen. Eiweiß mit 2 EL Zucker steif schlagen, unter den Pudding heben. Das Ganze über Nacht zugedeckt in den Kühlschrank stellen.

Tipp

Die Nachspeise kalt mit Schlagsahne oder Zitroneneis servieren.

Es gibt Menschen, die sich entsetzt schütteln, wenn sie mit Reispudding konfrontiert werden. Es gibt andere, die sich wie Kinder darüber freuen. Ich gehöre zur zweiten Gruppe, weil ich Reispudding seit meiner Kindheit liebe.
Wichtig ist, dass man den richtigen Reis nimmt: Er muss zart und cremig werden, darf aber nicht völlig zerfallen. Am besten nehmen Sie Jasmin- oder Basmati-Reis für einen leichteren Pudding. Der in Italien wegen seines Geschmacks beliebte Arborio-Rundkornreis hat eine kräftigere Konsistenz. Man kann den Pudding in vielen Geschmacksrichtungen kochen; hier folgen die Zutaten und Anleitung für Zitronenreis-Pudding.

Obsttorten

Jedes Land favorisiert einen anderen Boden für seine Obsttorten. In Deutschland nimmt man meist Biskuit- oder Rührteigboden, in der Schweiz liebt man den Hefeteigboden, die Franzosen bevorzugen Paté Sablé (Sandteig) oder Paté Sucré für ihre Tartes, die Engländer und Amerikaner backen eher eine Art knusprigen Blätterteig für ihre Pies.
Ich gehe davon aus, dass jeder hierzulande einen Biskuit- oder Rührteigboden herstellen oder kaufen kann und möchte hier einige unbekannte Sorten vorstellen, vor allem meine geliebten amerikanischen Pies. Schließlich sagt man in den USA »so amerikanisch wie apple-pie«, wenn man ein patriotisches Lob aussprechen möchte (obwohl die Pies eigentlich aus England kommen!).
In den folgenden Rezepten habe ich fast immer Äpfel angegeben, diese kann man natürlich durch viele andere Obstsorten ersetzen. Der Fantasie sind keine Grenzen gesetzt.

Paté Sucré

Zutaten

Für den Teig:
150 g Mehl
50 g Zucker
1 Prise Salz
125 g Butter
2 Eigelb
etwas Wasser
getrocknete Bohnen
oder Kichererbsen

Für die Füllung:
500 ml Vanillepudding
frisches Obst nach Saison
1/4 l Aprikosenmarmelade
oder Johannisbeermarmelade

Zubereitung

Das Mehl zusammen mit Zucker und Salz mischen, die eiskalten Butterstückchen dazugeben und rasch die Butter im Mehl verteilen. Das Eigelb rasch einarbeiten, wenn nötig einige TL kaltes Wasser dazugeben, damit man den Teig zu einer Kugel formen kann. Alles 20 Minuten im Kühlschrank ruhen lassen.
Den Teig mit einem bemehlten Nudelholz zu einem 25 cm großen Kreis ausrollen, in eine 20 cm große Springform legen und die Ränder 2 cm hoch ziehen.
Den Ofen auf 185 °C vorheizen. Ein Blatt Pergamentpapier auf den Teigboden legen. Den Boden mit getrockneten Bohnen oder Kichererbsen füllen und 10 Minuten backen. Die Ofentemperatur auf 175 °C reduzieren und weitere 10 Minuten backen. Bohnen und Papier entfernen und weitere 10 Minuten backen, bis der Teig trocken und leicht gebräunt ist. Den Teig abkühlen lassen.
Den abgekühlten Pudding auf den Teigboden füllen, glatt streichen und abkühlen lassen, damit er fest wird. Das Obst schälen und in Scheiben schneiden, auf dem Pudding arrangieren. Marmelade erwärmen, über das Obst als Glasur streichen.

Schweizer Wähe

Zutaten

Für den Teig:
1/4 l Milch
15 g Hefe
1 EL Zucker
250 g Mehl oder Vollkornweizenmehl
50 g Butter
1 Prise Salz

Für die Apfel-Füllung:
1 kg Äpfel
50 ml Weißwein
3 EL Zucker
1/2 TL Zimt
4 Eier
100 ml Crème fraîche
1/4 l Sahne
1 TL Zucker

Zubereitung

Die Milch erwärmen, die Hefe darin auflösen und Zucker einrühren. Das Mehl in eine Schüssel füllen, eine Mulde in die Mitte drücken, die Hefemilch eingießen und mit einem Teil des Mehls mischen. Das Ganze zugedeckt 15 Minuten gehen lassen. Dann Butter und Salz dazugeben, alles zusammenrühren und auf einer bemehlten Arbeitsfläche zu einem geschmeidigen Teig kneten, wenn nötig weiteres Mehl zum Kneten nehmen. Den Teig wieder in die Schüssel geben und zugedeckt 30 Minuten gehen lassen.

Den Teig auf einer bemehlten Fläche zu einem 1 cm dicken Kreis ausrollen und in einer gefetteten Springform auslegen, dabei die Ränder hochziehen. Teig in der Form gehen lassen, während Sie die Füllung zubereiten.

Die Äpfel schälen, in Spalten schneiden, mit Wein und Zucker in einer großen Pfanne 10 Minuten dünsten. Äpfel aus der Pfanne nehmen und abtropfen lassen, Saft auffangen und wieder in die Pfanne geben, den Saft zu einem Sirup einkochen und zusammen mit den Äpfeln mischen.

Die Äpfel auf dem Teigboden verteilen, mit Zimt bestreuen. Eier, Crème fraîche, Sahne und Zucker mischen, über die Äpfel gießen und das Ganze im Ofen bei 180 °C 40 Minuten backen, bis der Eier-Sahne-Guss gestockt und leicht gebräunt ist.

Apfel-Pie

Zutaten

Für den Teig:
300 g Mehl
200 g Butter
1/2 TL Salz
1/2 TL Backpulver

Für die Füllung:
1 kg säuerliche Äpfel
2–3 EL Butter
100 ml Wasser oder Weißwein
1 Prise Zimt
1 Prise Muskat
50 g Zucker

Zubereitung

Das Mehl in den Kühlschrank stellen, die Butter in kleine Stücke schneiden und ins Gefrierfach legen, 15 Minuten abkühlen lassen. Das Mehl dann zusammen mit Salz und Backpulver vermischen, die kalten Butterwürfel hinzugeben und mit kalten Händen die Butter in das Mehl reiben, bis die Mischung wie grobe Haferflocken aussieht. Man muss rasch arbeiten, damit die Butterflocken nicht schmelzen! Teelöffelweise kaltes Wasser über den Teig geben und mit den Fingern vermengen, bis er zu einer Kugel geformt werden kann. Zu viel Wasser führt zu einem klebrigen Teig, der nach dem Backen zäh wird; zu wenig zu einem krümeligen Teig, der sich nicht ausrollen lässt.

Die Kugel flach drücken und nicht weiter verarbeiten, sondern in Folie einschlagen und 20 Minuten in den Kühlschrank stellen.

Den gekühlten Teig auf einer leicht bemehlten Fläche mit einem bemehlten Nudelholz zu einem Kreis von 28 cm Durchmesser dünn ausrollen. Den Teig in eine Quiche-, Pie- oder Springform legen, einen Rand hochziehen und noch einmal 20 Minuten in den Kühlschrank stellen, damit der Teig sich beim Backen nicht zusammenzieht.

Diesen Pie-Boden kann man jetzt entweder blindbacken (mit Backpapier auslegen, mit Trockenbohnen oder Kichererbsen füllen und 15 Minuten bei 180 °C backen) und danach mit einer vorgegarten Füllung 15–20 Minuten weiterbacken.

Oder man entfernt die Kichererbsen und das Papier, backt den Boden weitere 15 Minuten leer, lässt ihn danach abkühlen und füllt ihn mit einer fertigen Füllung (wie Pudding, Creme oder Mousse).

Wenn man eine gedeckte Pie backen möchte, wird 1/3 des Teigs zu einem kleineren, 2/3 zu einem größeren Kreis ausgerollt und der Boden in eine Form mit einem Durchmesser von 20 cm gelegt. Der Boden wird vorgebacken, der zweite kleinere Kreis auf die Füllung gelegt und zusammen mit der Füllung gebacken.

Für den Apfel-Pie den Boden, wie oben beschrieben, 10 Minuten blindbacken, Papier und Bohnen entfernen und 5 Minuten leer backen. Inzwischen 1 kg säuerliche Äpfel schälen, entkernen und in Spalten schneiden, in 2–3 EL Butter und 100 ml Wasser oder Weißwein schmoren, mehrere Male umrühren. Die Mischung zusammen mit 1 Prise Zimt, 1 Prise Muskat und 50 g Zucker verrühren und auf den vorgebackenen Teigboden geben, mit Butterflocken belegen und 25 Minuten weiterbacken.

KUCHEN

Wenn ich überhaupt Kuchen backe, dann muss es schnell gehen und vor allem unkompliziert sein. Deshalb mache ich fast immer Backpulvergebäck wie in den folgenden Rezepten. Das Backen von aufwendigen Torten überlasse ich denjenigen, die daran Freude haben!

Hugenotten-Torte

Wenn diese Torte abkühlt, wird die untere Schicht weich und cremig und die Oberfläche knusprig.

Zutaten

2 Eier
70 g Zucker
50 g Mehl Typ 1050
2 TL Backpulver
1 Tüte Vanillezucker
1 Prise Salz
500 g Äpfel
100 g Walnüsse
1 TL Zitronensaft

Zubereitung

Die Eier in eine Schüssel geben und kräftig schlagen, bis eine cremige Masse ensteht. Zucker einrühren und weiterschlagen, bis die Mischung dick wird. In einer zweiten Schüssel Mehl, Backpulver, Vanillezucker und Salz mischen. Diese Zutaten zu der Eiermischung geben und sanft einrühren, bis alles gerade so vermengt ist, nicht weiterarbeiten.

Die ungeschälten Äpfel grob hacken, die Nüsse hacken und in einer Pfanne leicht rösten, mit dem Zitronensaft in den Teig geben. Den Teig in eine mit Butter ausgefettete Form mit einem Durchmesser von 23 cm gießen, 35–40 Minuten bei 180 °C backen, bis die Oberfläche braun und krustig ist. Die Torte abkühlen lassen, bei Zimmertemperatur servieren.

Bananenbrot

Zutaten

300 g Mehl (Mischung aus Weizenvollkornmehl und Weizenmehl Typ 1050)
70 g Zucker oder Honig
1 TL Backpulver
1 TL Salz
150 g Walnusskerne, gehackt
100 g Jogurt
2 große Eier
100 g Butter
1 Tüte Vanillezucker
oder Mark von 1 Vanilleschote
3 überreife Bananen

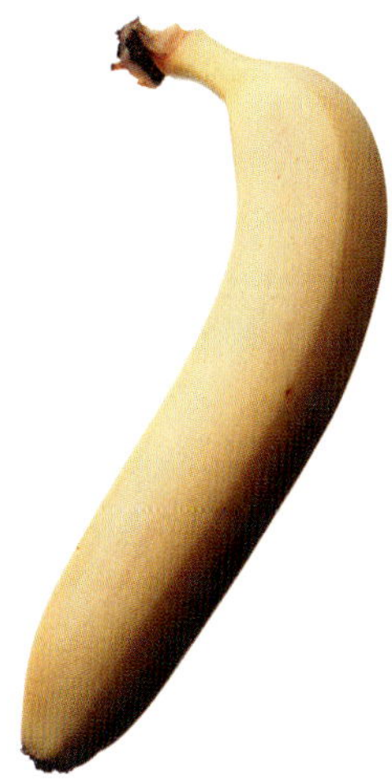

Zubereitung

Die Mehlmischung, den Zucker, Backpulver, Salz und gehackte Nüsse in einer Schüssel vermischen. Jogurt, Eier, flüssige Butter und Vanille in einer zweiten Schüssel mischen. Die Bananen schälen und mit einer Gabel zerdrücken, damit ein grober Brei entsteht (nicht pürieren oder mixen!).

Brei in die Eiermischung rühren. Den Backofen auf 180 °C vorheizen, eine Brot- oder Ringform mit Butter einfetten. Die Jogurt-Eier-Mischung vorsichtig in die Mehl-Zucker-Nuss-Mischung geben und nur so lange rühren, bis alles verbunden ist: Je länger man mischt, desto schwerer wird nachher auch ihr Kuchen!

Den Teig in die Form füllen und etwa 50 Minuten backen, bis er goldbraun und fest ist (Zum Testen mit einem Zahnstocher in die Mitte stechen: Wenn kein Teig an dem Holz klebt, ist auch die Mitte gar).

Das Brot noch 5 Minuten in der Form abkühlen lassen, danach aus der Form nehmen und auf einem Kuchengitter abkühlen lassen.

Das Brot warm oder bei Zimmertemperatur servieren.

Sie können das Brot am Vortag backen, aber nicht über Nacht in den Kühlschrank stellen!

Ich freue mich, dass Muffins auch Deutschland erobert haben. Jahrelang habe ich versucht, die Leute davon zu begeistern, aber die Muffinformen, in denen sie gebacken werden, existierten hier nicht. Jetzt sind sie auf dem Markt und jeder kann diese wunderbaren, kleinen oder großen, süßen oder salzigen Gebäckteilchen herstellen. Sie sind in Windeseile fertig, können auch am Vortag gebacken werden, obwohl sie, wie jedes Gebäck mit Backpulver, am besten schmecken, wenn sie warm aus dem Ofen kommen.

Muffins

Zutaten

Grundrezept für 12 große Muffins:
400 g Mehl
1 TL Backpulver
1/2 TL Natron
1/2 TL Salz
70 g Zucker (für süße Muffins)
2 große Eier
140 g Butter
200 ml Jogurt
1 EL Kuminkörner
2 EL Oregano
1 TL gemahlener Zimt
Cayennepfeffer
1–2 EL Maismehl

Zubereitung

Mehl, Backpulver, Natron, Salz und Zucker (wenn erwünscht) in einer Schüssel mischen. In einer zweiten Schüssel die Eier zusammen mit 125 g geschmolzener Butter verrühren. Die Eimischung in die Mehlmischung geben und gut verrühren. Jogurt dazugeben und alles gut vermischen. Die Vertiefungen der Muffinformen leicht mit der restlichen Butter einfetten und den Teig in die Formen füllen.
20–30 Minuten bei 180 °C backen, bis der Teig goldbraun ist.

Muffin-Variationen

Pikante Corn-Muffins
1/3 bis 1/2 des Mehls durch Maisgrieß ersetzen, Zucker auf 1 TL reduzieren, eine Prise Cayennepfeffer und 50–100 g geriebenen alten Gouda in den Teig rühren.

Walnuss-Muffins
Zucker durch Ahornsirup ersetzen, 150 g gehackte Walnusskerne in den Teig rühren, die fertigen Muffins noch warm mit Butter bestreichen und danach in Zimt und Zucker tunken.

Blaubeer-Muffins
150 g frische oder aufgetaute TK-Blaubeeren ganz zum Schluss in den Teig mischen.

Aprikosen-Mandel-Muffins
3 EL Marzipanmasse zerbröseln und in die Eiermischung geben, 100 g getrocknete Aprikosen in kleine Würfel schneiden und in den Teig mischen.

Paprika-Parmesan-Muffins
Die Hälfte des Mehls durch Maisgrieß ersetzen, Zucker auf 1 TL reduzieren, 1/2 rote Paprika, fein gewürfelt, und 50 g frisch geriebenen Parmesan in den Teig rühren.

Spoonbread

»Löffelbrot« aus den Südstaaten

Zutaten
1/2 l Milch
1/4 l Wasser
1/8 l Sahne
250 g Maisgrieß
1 TL Salz
1 TL Zucker
2 TL Backpulver
5 Eier
125 g Maiskörner
50 g Butter

Zubereitung
Milch, Wasser und Sahne in einen Topf füllen und fast zum Kochen bringen, Maisgrieß zusammen mit Salz, Zucker und Backpulver langsam einrühren. Alles 5 Minuten bei ständigem Rühren köcheln lassen, bis die Masse dick wird.
Die frischen Maiskörner im Mixer oder mit dem Pürierstab leicht pürieren, die Masse soll stückig bleiben, einige Körner noch ganz bleiben.
Die Eier trennen. Das Eigelb mit einem Schneebesen aufschlagen, zusammen mit dem Mais in den Teig einrühren, den Topf vom Herd nehmen. Eiweiß mit einer Prise Salz steif schlagen. 1/3 des Eiweißes in den Teig rühren, dann das restliche Eiweiß vorsichtig unterheben.
Mit der Butter eine flache Auflaufform großzügig einfetten, den Teig hineingeben und 30 bis 40 Minuten bei 180 °C backen, bis der Teig aufgegangen und leicht gebräunt ist.
Das Brot wird erst aufgehen, danach wieder etwas in sich zusammenfallen, es schmeckt aber in jedem Zustand gleichermaßen gut.
Es wird lauwarm serviert: Man nimmt sich mit einem großen Löffel davon.

Löffelbrot ist eine beliebte Beilage im amerikanischen Süden, wo Maispudding, Maisbrötchen und andere Varianten von Gemüsemais und Maisgrieß zu fast jeder Mahlzeit serviert werden. Ich habe Spoonbread zum ersten Mal in Washington in einem kleinen, unscheinbaren Café gegessen, mit der Folge, dass ich danach fast jeden Tag dort hinging. Löffelbrot ist eine halbfeste Mischung aus Eiern, Maiskörnern und Maismehl, etwas zwischen einem Pudding, einem Soufflé und einem weichen Brot. Es ist ideal, um Sauce aufzusaugen!
Die natürliche Süße des Maises kommt wunderbar zur Geltung.

Register

Titelrezept

Gefüllte Riesenchampignons mit Käse überbacken

Zutaten

Für 4 Personen:
12 große Champignons
1 Zwiebel
250 g Blattspinat
6 EL Butter
Salz, Pfeffer aus der Mühle
1–2 Tomaten
100 g Gruyère
3 EL Semmelbrösel
Butter für die Form

Zubereitung

Die Champignons sorgfältig putzen und den Stiel abdrehen, Stiele fein hacken. Zwiebel schälen und fein würfeln. Spinat waschen, putzen, verlesen, trockenschütteln und hacken. Tomaten waschen, vierteln, Stielansatz entfernen und würfeln.
Zwiebel in einer Pfanne mit 4 EL Butter anschwitzen, die Champignon-Stiele hinzufügen. Dann Spinat zugeben, mit Salz und Pfeffer würzen, Tomaten unter den Spinat rühren. Den Käse in Würfel schneiden und ebenfalls unterrühren.
Die Mischung in die Pilzhüte füllen und diese in eine gefettete Auflaufform setzen. Mit Semmelbröseln bestreuen und mit der restlichen Butter in Flöckchen belegen. Etwa 15 Minuten im vorgeheizten Backofen (180 °C) backen.

Mit diesem Rezept können Sie das auf dem Umschlag dieses Buches (Foto: Harry Bischof/StockFood) abgebildete Gericht nachkochen. Es stammt als einziges Rezept im Buch nicht von Barbara Böttner.

Impressum

Weltbild Buchverlag
– Sonderausgaben –

Genehmigte Sonderausgabe 2005 für Verlagsgruppe
Weltbild GmbH, Steinerne Furt 67, 86167 Augsburg

Fotos: Barbara Lutterbeck, Köln, außer Seite 70 und 120
(beide Photodisc) sowie Seite 143 (Harry Bischof/StockFood)
Lektorat: Manuela Stern, GAIA Text, München
und Christiane Heering-Labonté, Köln
Umschlag: X-Design, München
Titelbild: Harry Bischof/StockFood
Layout/Satz: Hildy Ueberhofen und Nicole Hardegen, Köln
Reproduktion: Point of Media GmbH, Augsburg
Druck- und Bindung: Offizin Andersen Nexö Leipzig GmbH,
Spenglerallee 26–30, 04442 Zwenkau
Gedruckt auf chlorfrei gebleichtem Papier

Printed in Germany

ISBN 3-89897-127-9